東京官能的

TOKYO SEXY

CINEGRAPHIX

VOLUME TWO

**100 JAPANESE POSTERS
FOR INTERNATIONAL
SEXPLOITATION MOVIES
1961-1980**

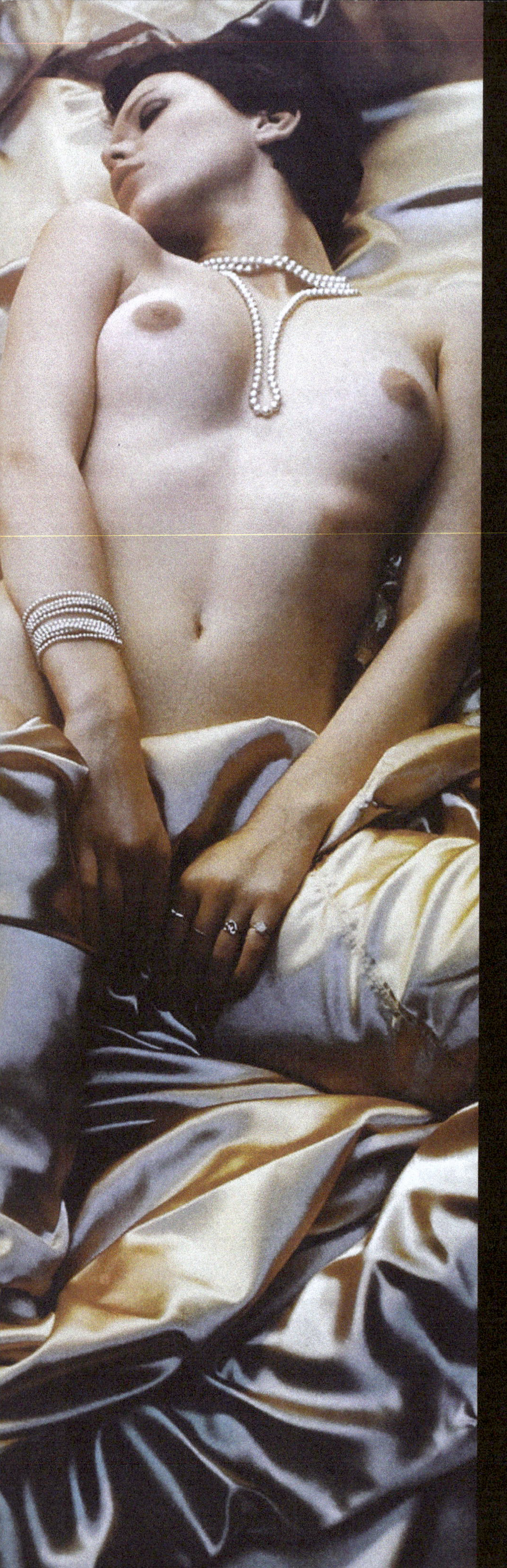

TOKYO SEXY CINEGRAPHIX 2
ISBN 978-1-917285-32-2
Edited by Kagami Jigoku Kobayashi
Published by Bonefyre Gas 2024

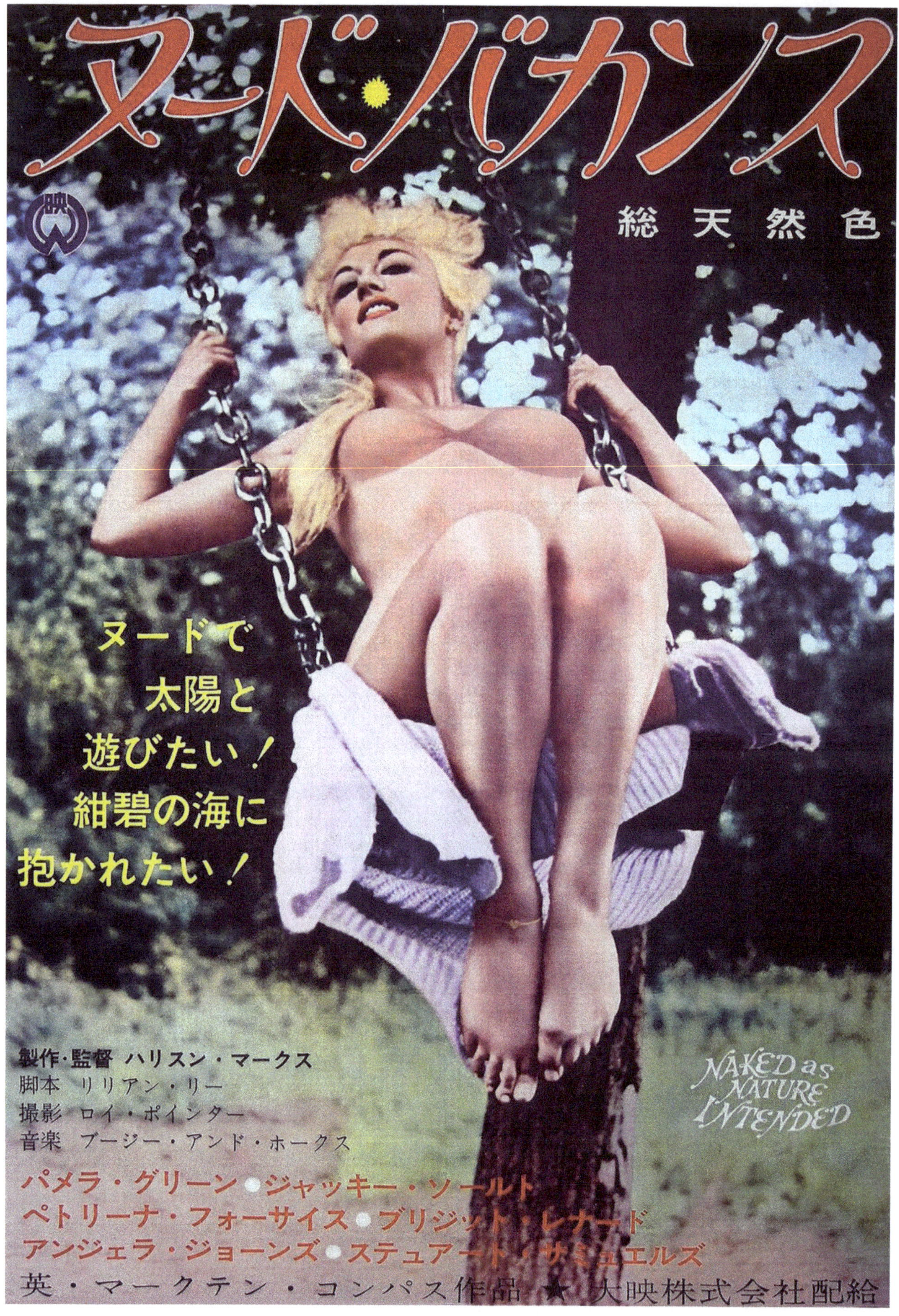

ヌード・バカンス
総天然色
ヌードで
太陽と
遊びたい！
紺碧の海に
抱かれたい！
製作・監督 ハリスン・マークス
脚本 リリアン・リー
撮影 ロイ・ポインター
音楽 ブージー・アンド・ホークス
パメラ・グリーン・ジャッキー・ソールト
ペトリーナ・フォーサイス・ブリジット・レナード
アンジェラ・ジョーンズ・ステュアート・サミュエルズ
英・マークテン・コンパス作品 ★ 大映株式会社配給
NAKED as NATURE INTENDED

NAKED AS NATURE INTENDED

(UK, 1961)

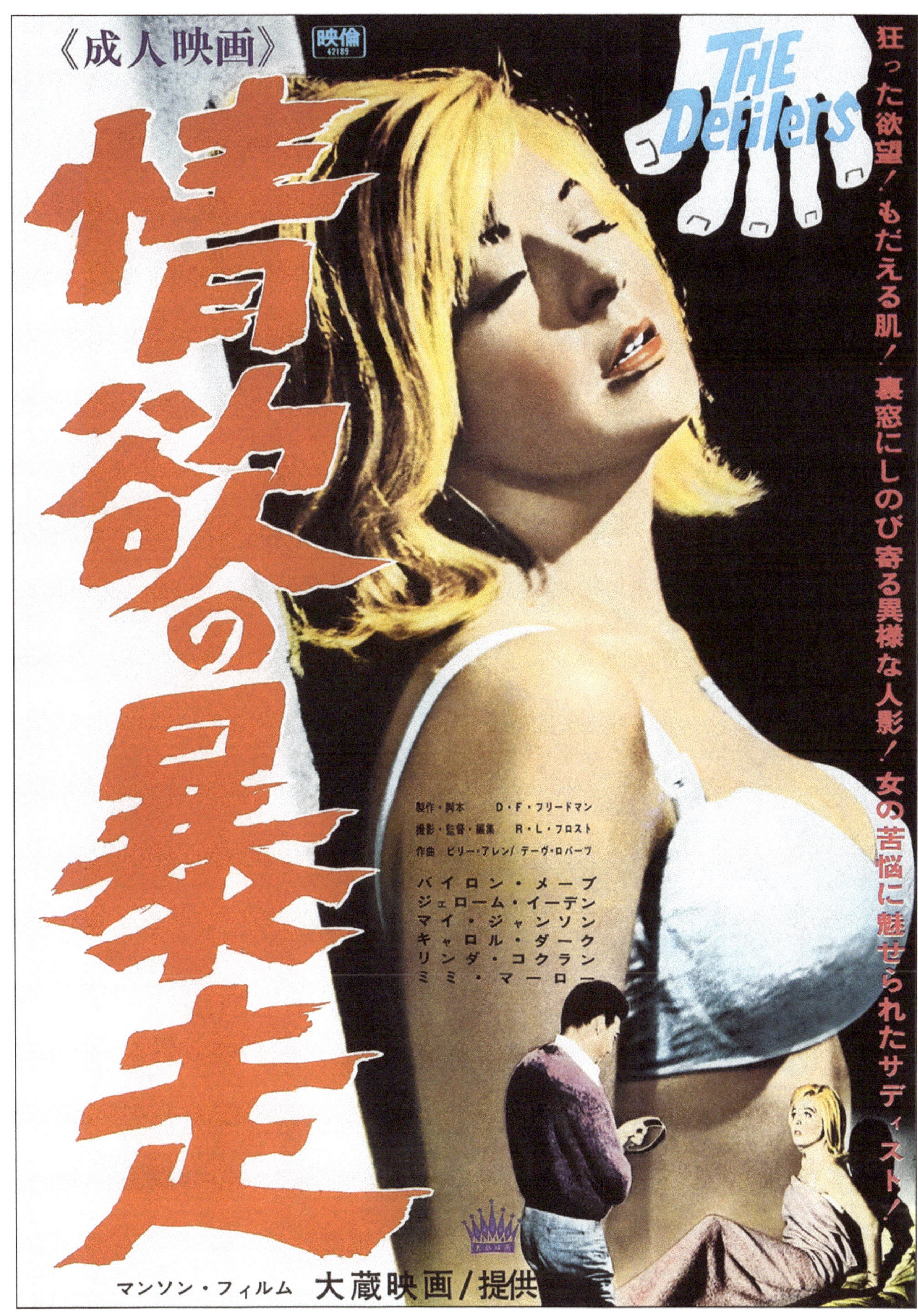
《成人映画》
映倫 42189
THE Defilers
狂った欲望！もだえる肌！裏窓にしのび寄る異様な人影！女の苦悩に魅せられたサディスト！
情欲の暴走
製作・岡本　D・F・フリードマン
撮影・監督・編集　R・L・フロスト
作曲　ビリー・アレン／デーヴ・ロバーツ
バイロン・メーブン
ジェローム・イーデン
マイ・ジャンソン
キャロル・ダークン
リンダ・コクララ
ミミ・マーロー
マンソン・フィルム　大蔵映画／提供

THE DEFILERS
(USA, 1963)

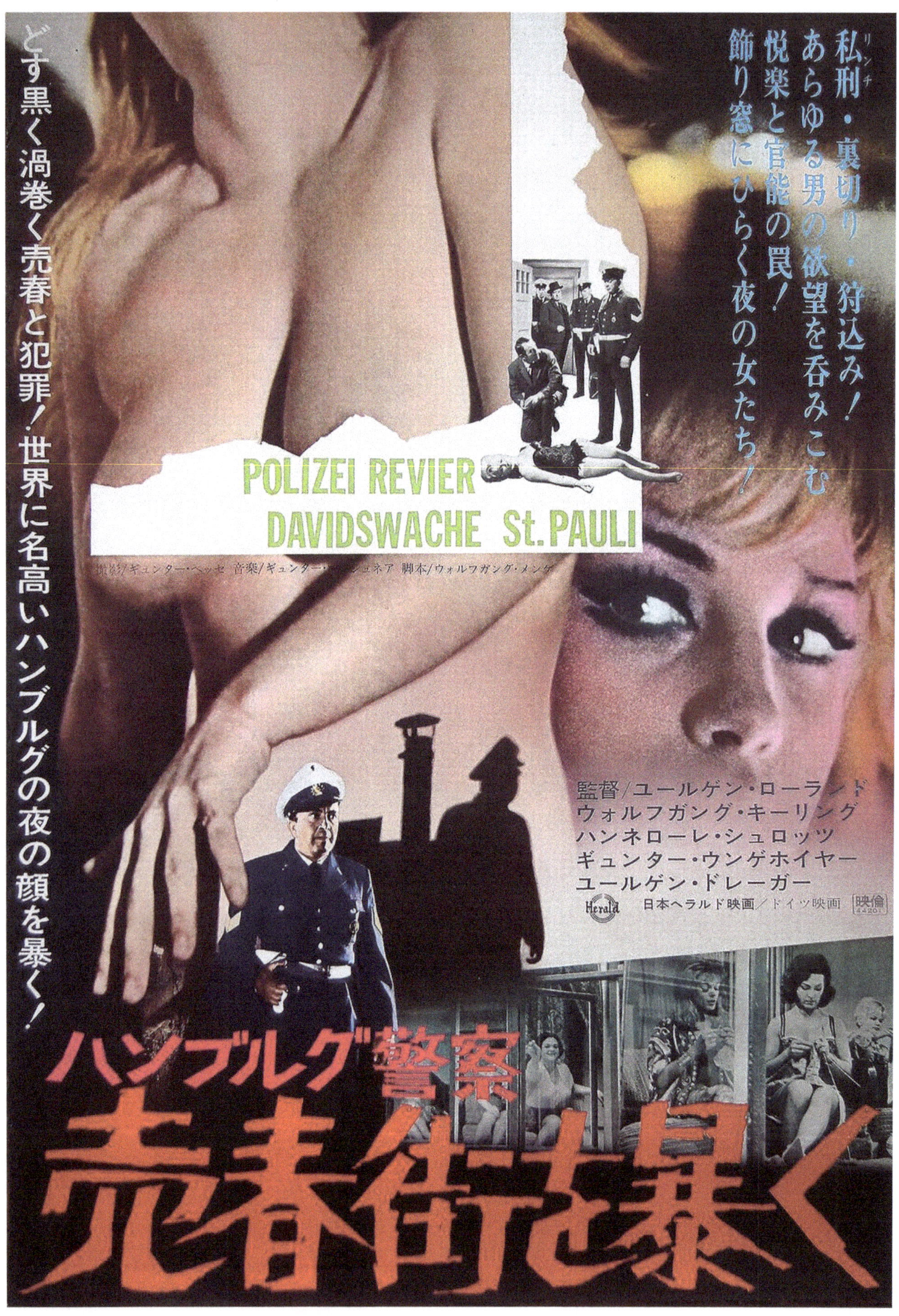
どす黒く渦巻く売春と犯罪！世界に名高いハンブルグの夜の顔を暴く！

私刑(リンチ)・裏切り・狩込み！
あらゆる男の欲望を呑みこむ
悦楽と官能の罠！
飾り窓にひらく夜の女たち！

POLIZEI REVIER
DAVIDSWACHE St. PAULI

撮影／ギュンター・ヘッセ　音楽／ギュンター・シュネア　脚本／ウォルフガング・メンケ

監督／ユールゲン・ローランド
ウォルフガング・キーリング
ハンネローレ・シュロッツ
ギュンター・ウンゲホイヤー
ユールゲン・ドレーガー

Herald　日本ヘラルド映画／ドイツ映画

ハンブルグ警察
売春街を暴く

POLIZEIREVIER DAVIDSWACHE

(Germany, 1964)

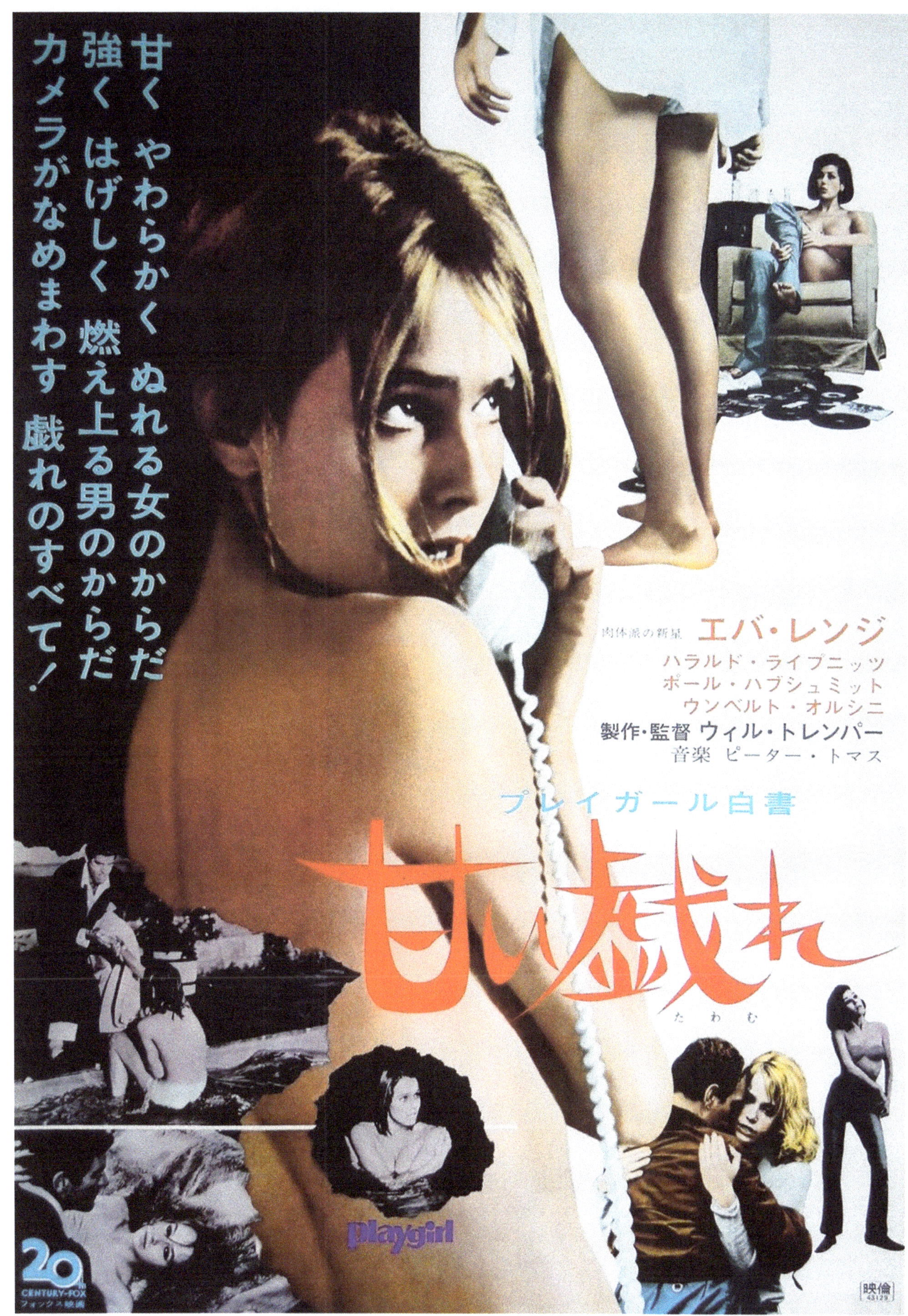

甘く やわらかく ぬれる女のからだ
強く はげしく 燃え上る男のからだ
カメラがなめまわす 戯れのすべて！
肉体派の新星 エバ・レンジ
ハラルド・ライプニッツ
ポール・ハブシュミット
ウンベルト・オルシニ
製作・監督 ウィル・トレンパー
音楽 ピーター・トマス
プレイガール白書
甘い戯れ
たわむ
playgirl
20th CENTURY-FOX
フォックス映画
映倫
43129
映倫
43129

PLAYGIRL

(Germany, 1966)

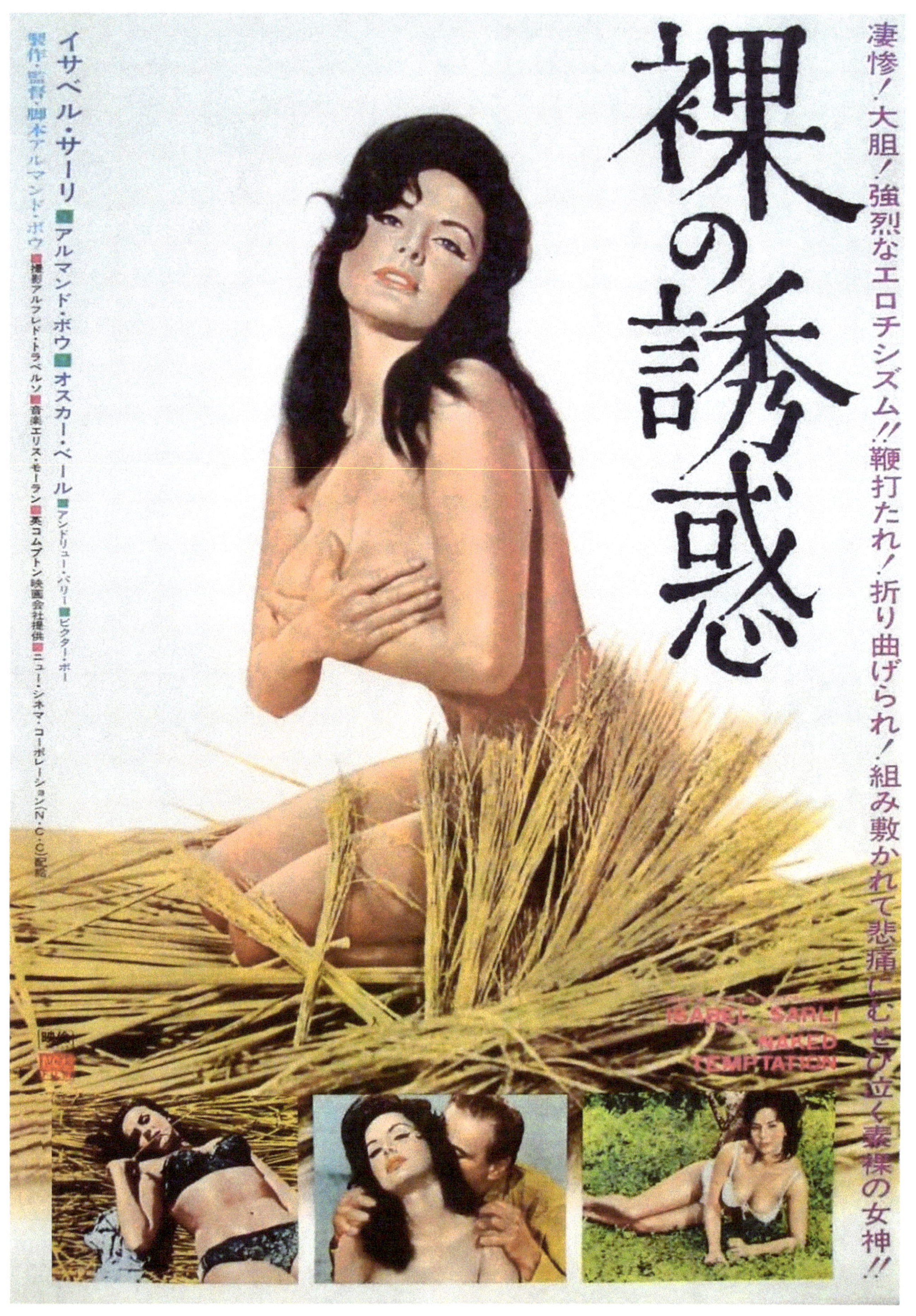

凄惨！大胆！強烈なエロチシズム!!鞭打たれ！折り曲げられ！組み敷かれて悲痛しむせび立く豪裸の女神!!
裸の誘惑
イサベル・サーリ
アルマンド・ボウ
オスカー・ベール
アンドリュー・バリー
ビクター・ボー
ISABEL SARLI
NAKED
TEMPTATION

LA TENTACIÓN DESNUDA

(Argentina, 1966)

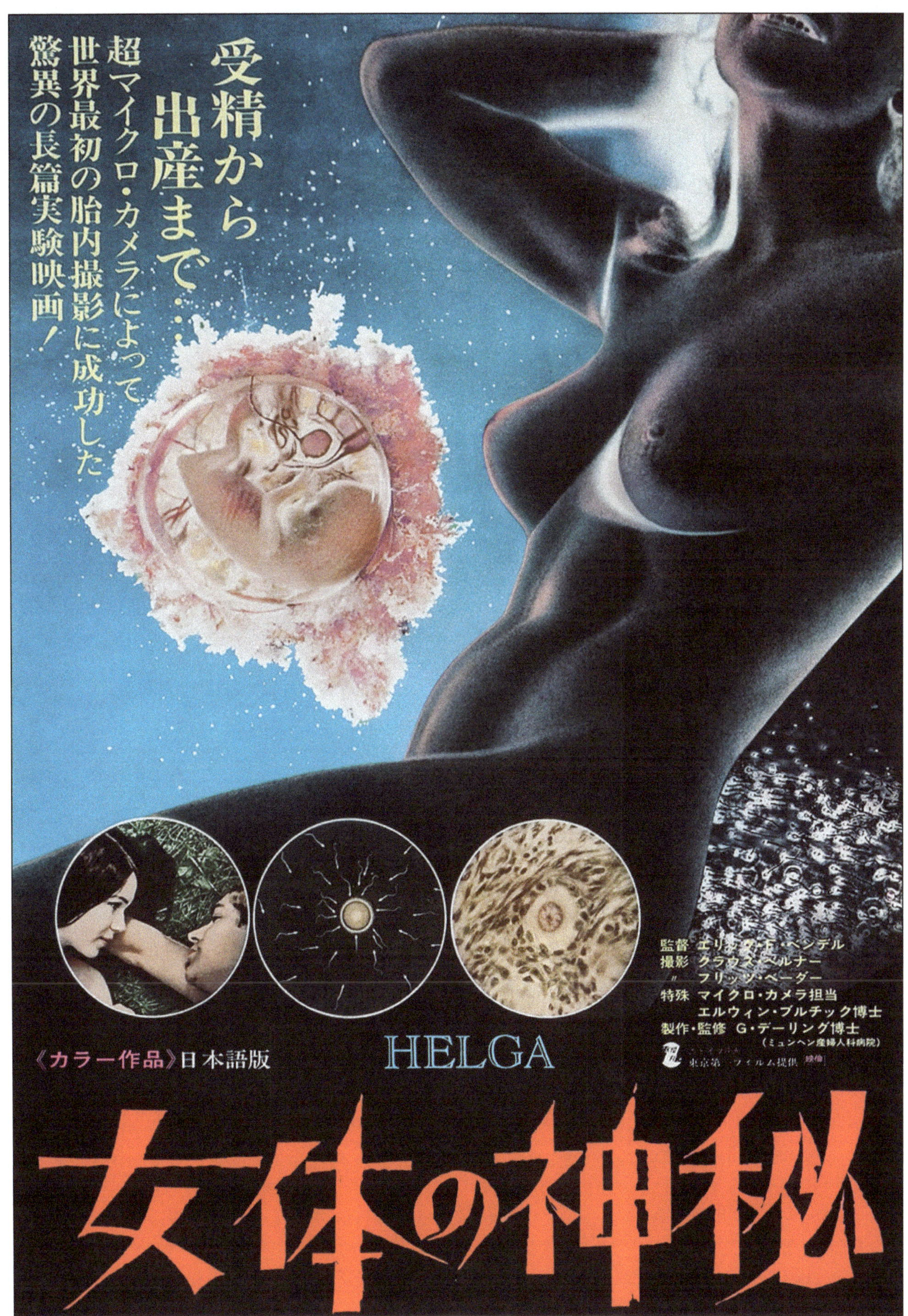

受精から
出産まで…
超マイクロ・カメラによって
世界最初の胎内撮影に成功した
驚異の長篇実験映画！
《カラー作品》日本語版
HELGA
監督 エリオット・F・ベンデル
撮影 クラウス・ベルナー
〃 フリッツ・ベーダー
特殊 マイクロ・カメラ担当
エルウィン・ブルチック博士
製作・監修 G・デーリング博士
（ミュンヘン産婦人科病院）
東京第一フィルム提供 映倫
女体の神秘

HELGA
(Germany, 1967)

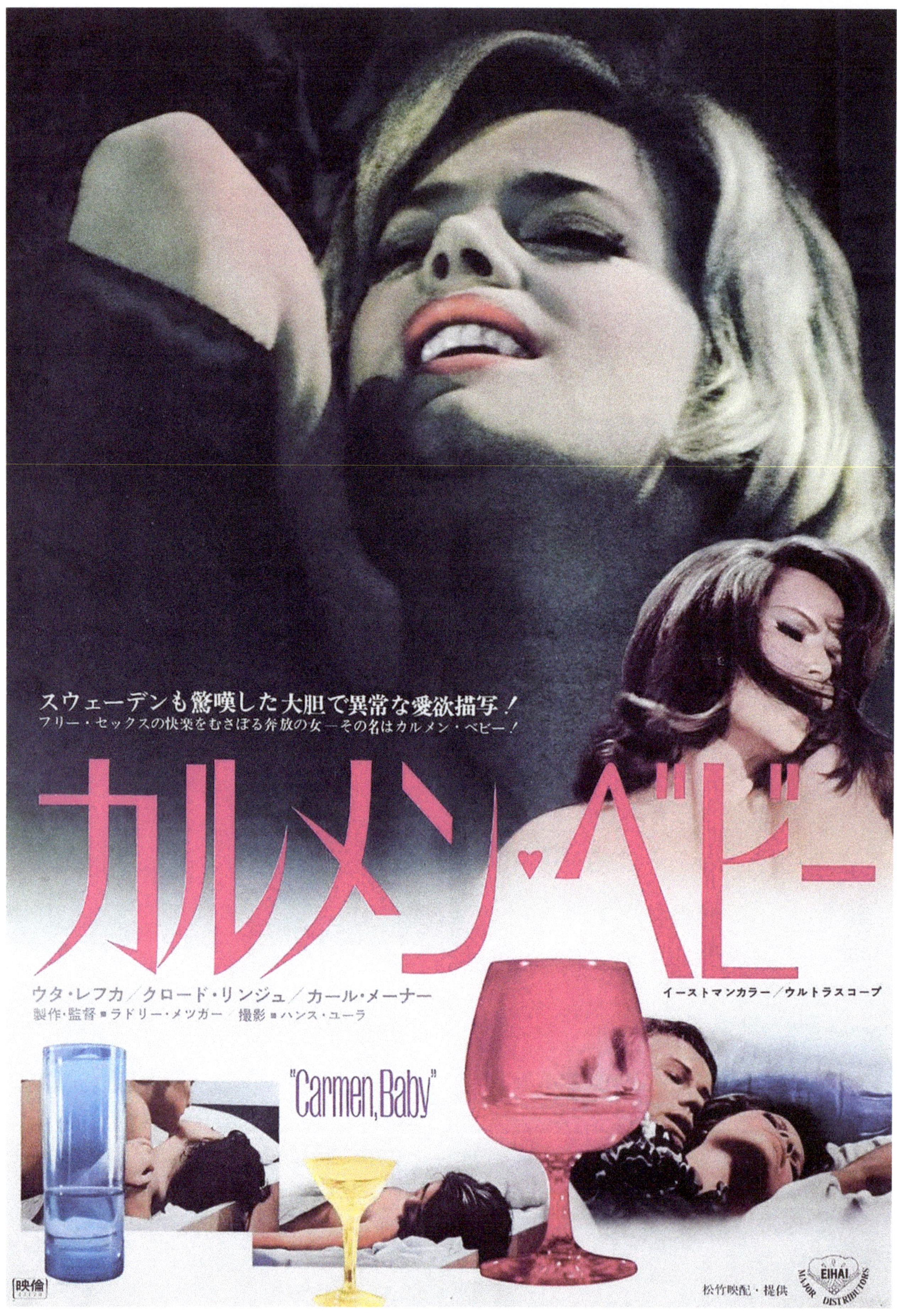

松竹映配・提供
スウェーデンも驚嘆した大胆で異常な愛欲描写！
フリー・セックスの快楽をむさぼる奔放の女―その名はカルメン・ベビー！
カルメン・ベビー
ウタ・レフカ／クロード・リンジュ／カール・メーナー
製作・監督■ラドリー・メッツガー／撮影■ハンス・ユーラ
イーストマンカラー／ウルトラスコープ
"Carmen, Baby"
映倫
EIHAI
MAJOR DISTRIBUTORS
松竹映配・提供

CARMEN BABY

(USA, 1967)

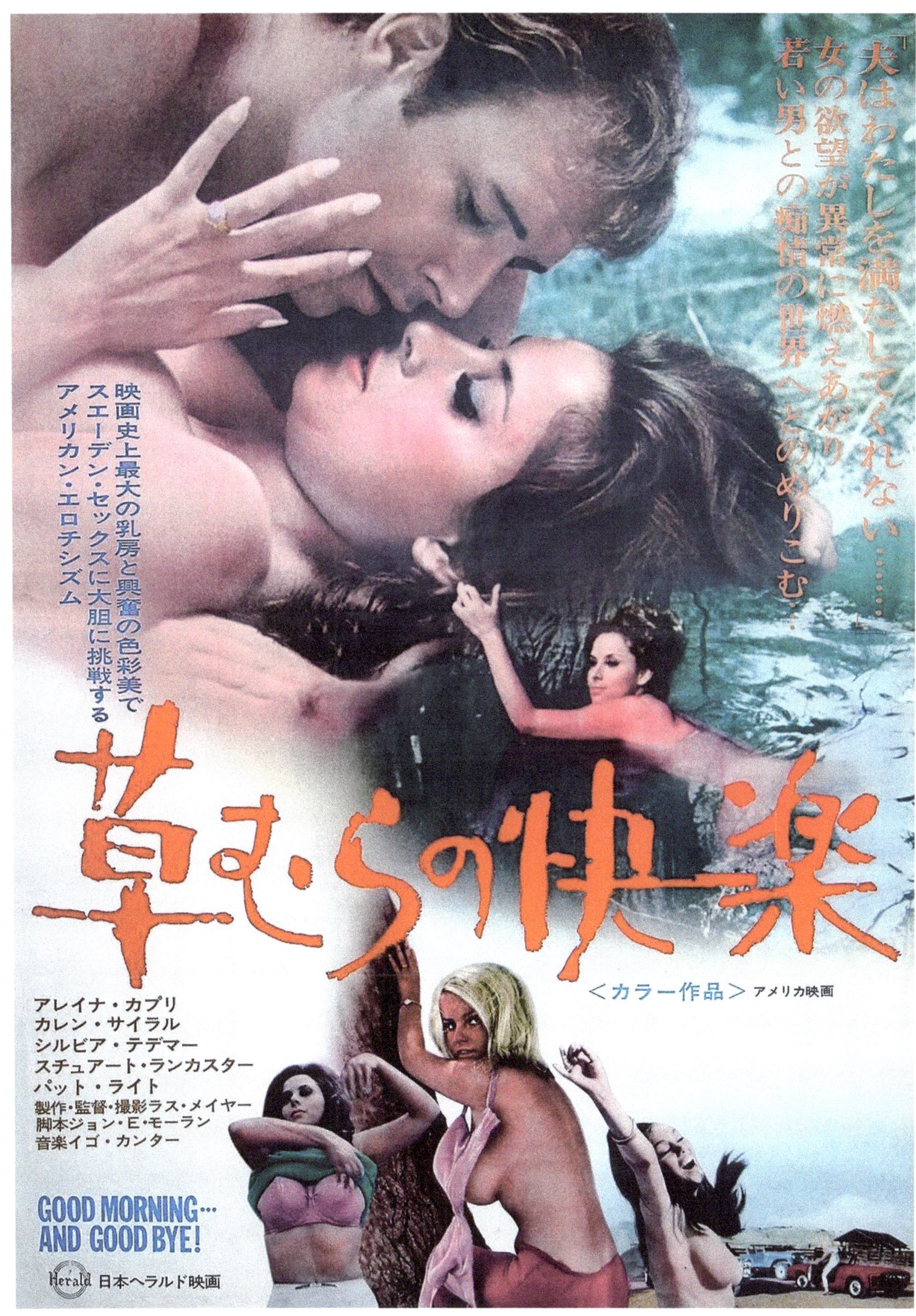
映画史上最大の乳房と興奮の色彩美で
スエーデン・セックスに大胆に挑戦する
アメリカン・エロチシズム

「夫はわたしを満たしてくれない……
女の欲望が異常に燃えあがり
若い男との痴情の世界へとのめりこむ…」

草むらの快楽

＜カラー作品＞ アメリカ映画

アレイナ・カプリ
カレン・サイラル
シルビア・テデマー
スチュアート・ランカスター
パット・ライト
製作・監督・撮影ラス・メイヤー
脚本ジョン・E・モーラン
音楽イゴ・カンター

GOOD MORNING…
AND GOOD BYE!

Herald 日本ヘラルド映画

GOOD MORNING... AND GOODBYE!
(USA, 1967)

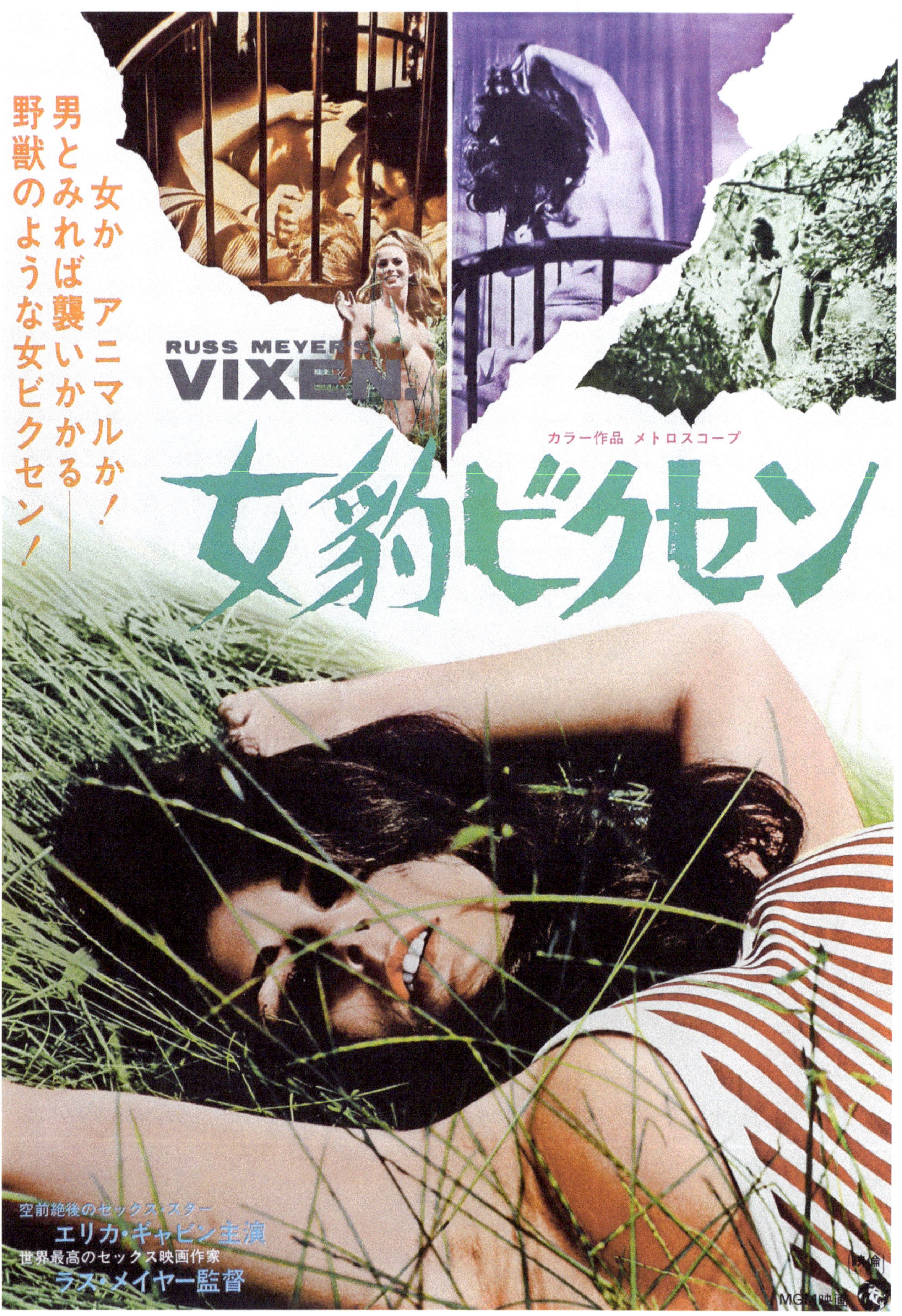

女か アニマルか！
男とみれば襲いかかる
野獣のような女ビクセン！
RUSS MEYER'S
VIXEN.
カラー作品 メトロスコープ
女豹ビクセン
空前絶後のセックス・スター
エリカ・ギャビン主演
世界最高のセックス映画作家
ラス・メイヤー監督
映倫
MGM映画

VIXEN
(USA, 1968)

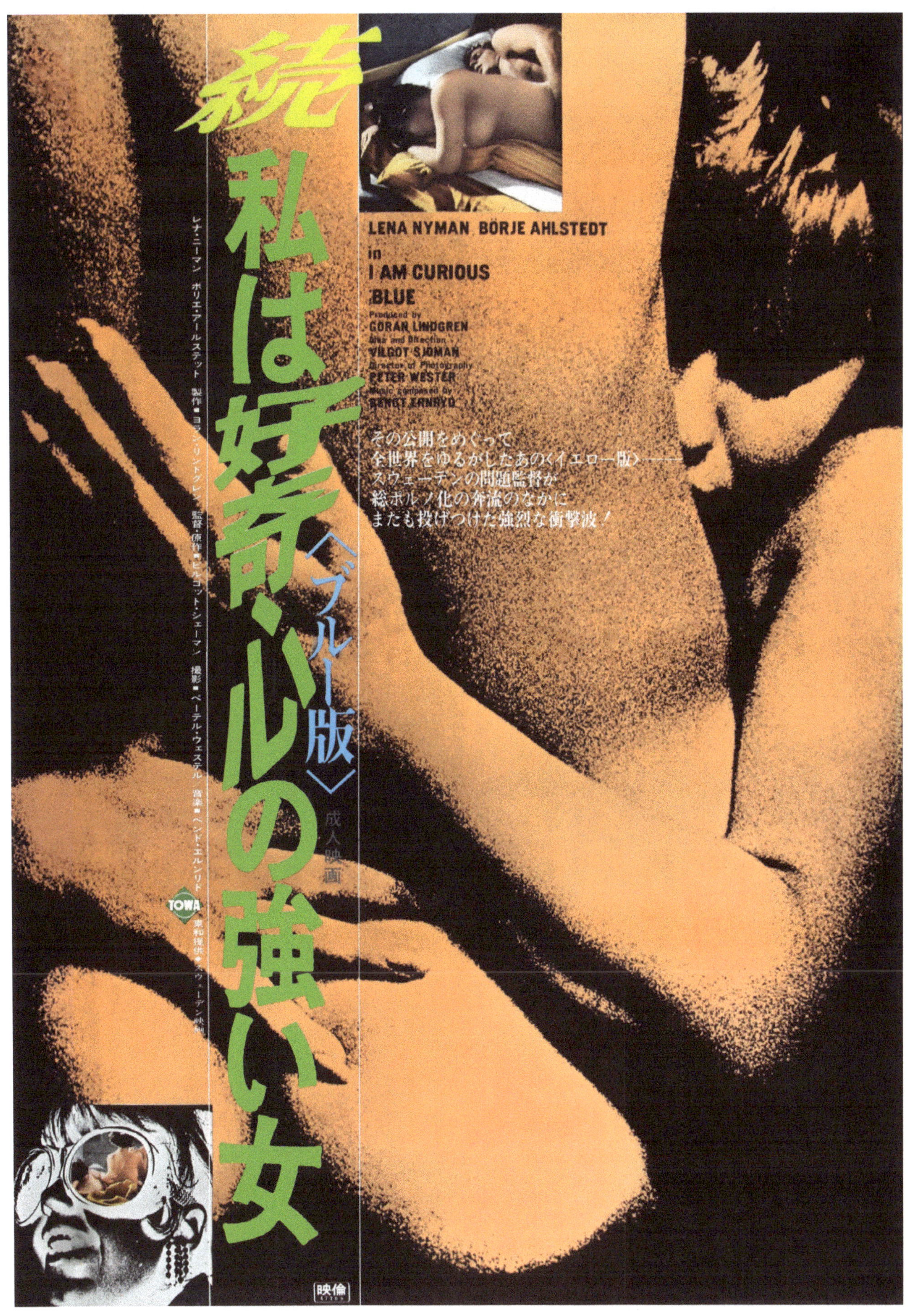
続
私は好奇心の強い女
〈ブルー版〉
成人映画
LENA NYMAN BÖRJE AHLSTEDT
in
I AM CURIOUS
BLUE
Produced by
GÖRAN LINDGREN
Idea and Direction
VILGOT SJÖMAN
Director of Photography
PETER WESTER
Music composed by
BENGT ERNRYD
その公開をめぐって
全世界をゆるがしたあの〈イエロー版〉――
スウェーデンの問題監督が
総ポルノ化の奔流のなかに
またも投げつけた強烈な衝撃波！
レナ・ニーマン
ボリエ・アールステット　製作■ヨラン・リントグレン　監督/原作■ビルゴット・シェーマン　撮影■ペーテル・ウェステル　音楽■ベンクト・エルンリド
TOWA
東和提供　スウェーデン映画
映倫

JAG ÄR NYFIKEN – EN FILM I BLÅTT
(Sweden, 1968)

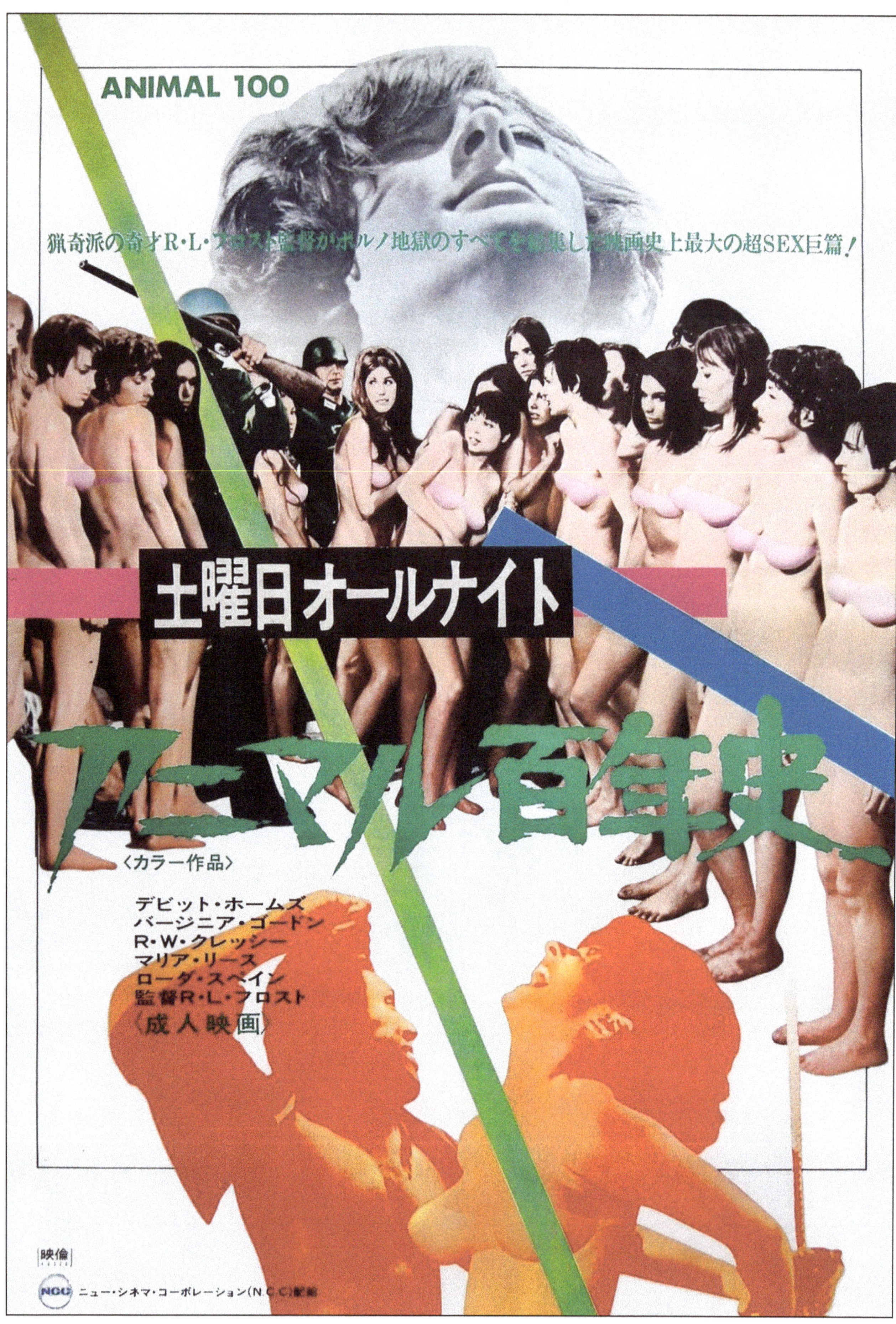
ANIMAL 100
猟奇派の奇才R・L・フロスト監督がポルノ地獄のすべてを収集した映画史上最大の超SEX巨篇！
土曜日オールナイト
アニマル百年史
〈カラー作品〉
デビット・ホームズ
バージニア・ゴードン
R・W・クレッシー
マリア・リース
ローダ・スペイン
監督R・L・フロスト
〈成人映画〉
映倫
NCC ニュー・シネマ・コーポレーション（N.C.C.）配給

THE ANIMAL

(USA, 1968)

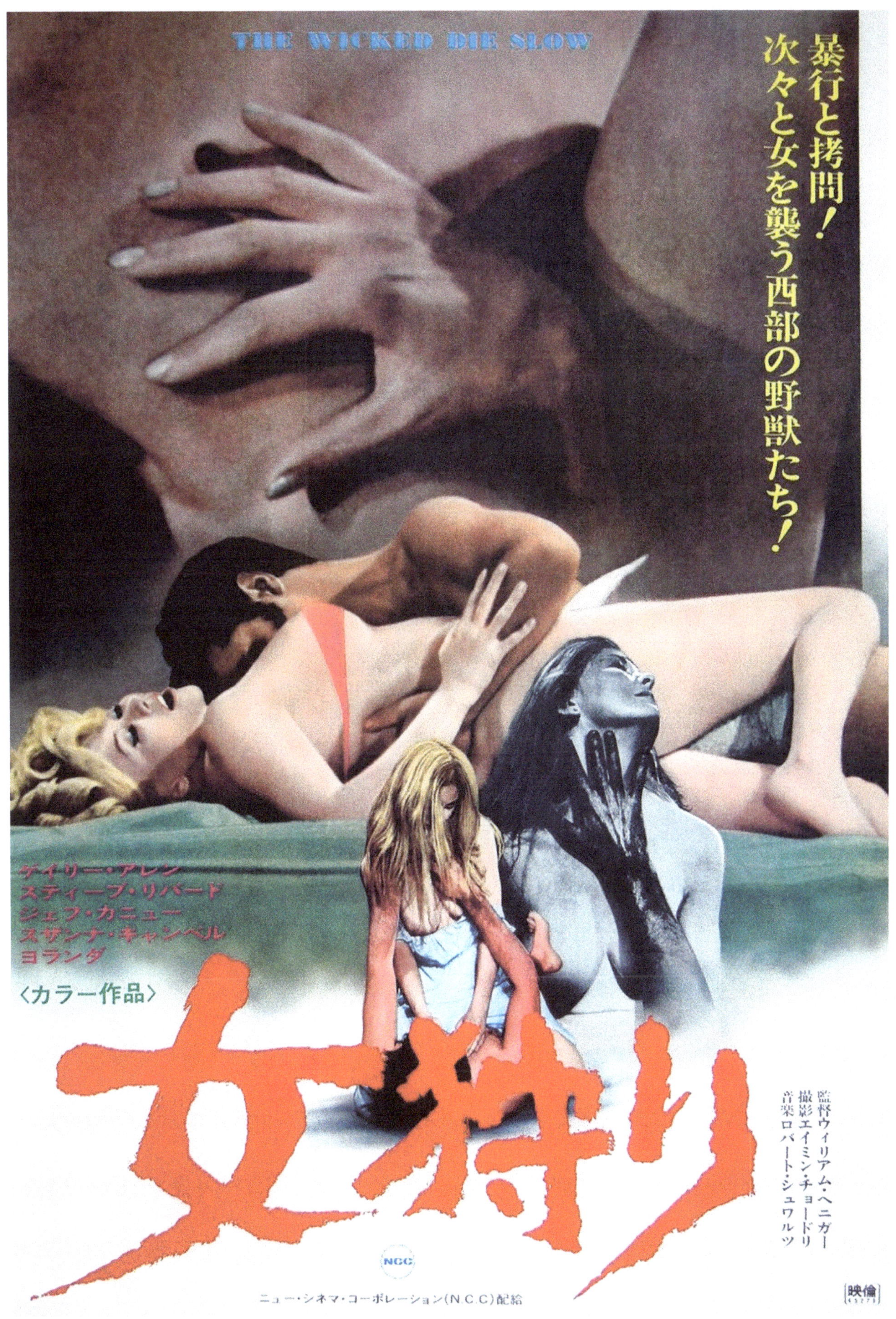

THE WICKED DIE SLOW

暴行と拷問！
次々と女を襲う西部の野獣たち！

デイリー・アレン
スティーブ・リバード
ジェフ・カニュー
スザンナ・キャンベル
ヨランダ

〈カラー作品〉

女狩り

NCC

監督ウイリアム・ヘニガー
撮影エイミン・チョードリ
音楽ロバート・シュワルツ

映倫

ニュー・シネマ・コーポレーション（N.C.C）配給

THE WICKED DIE SLOW
(USA, 1968)

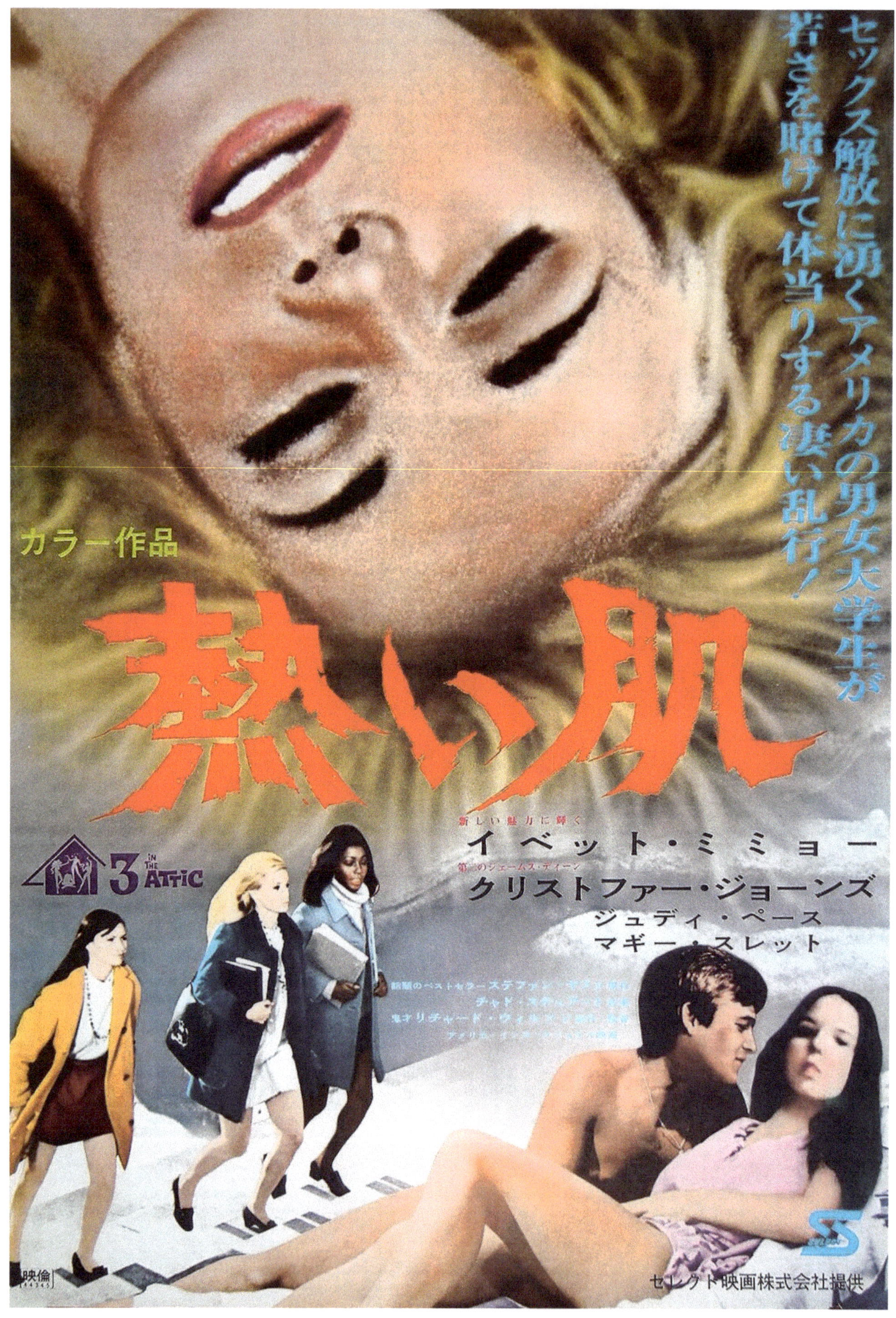

セックス解放に湧くアメリカの男女大学生が若さを賭けて体当りする凄い乱行！
カラー作品
熱い肌
3 IN THE ATTIC
新しい魅力に輝く
イベット・ミミョー
第二のジェームス・ディーン
クリストファー・ジョーンズ
ジュディ・ペース
マギー・スレット
セレクト映画株式会社提供
映倫

THREE IN THE ATTIC

(USA, 1968)

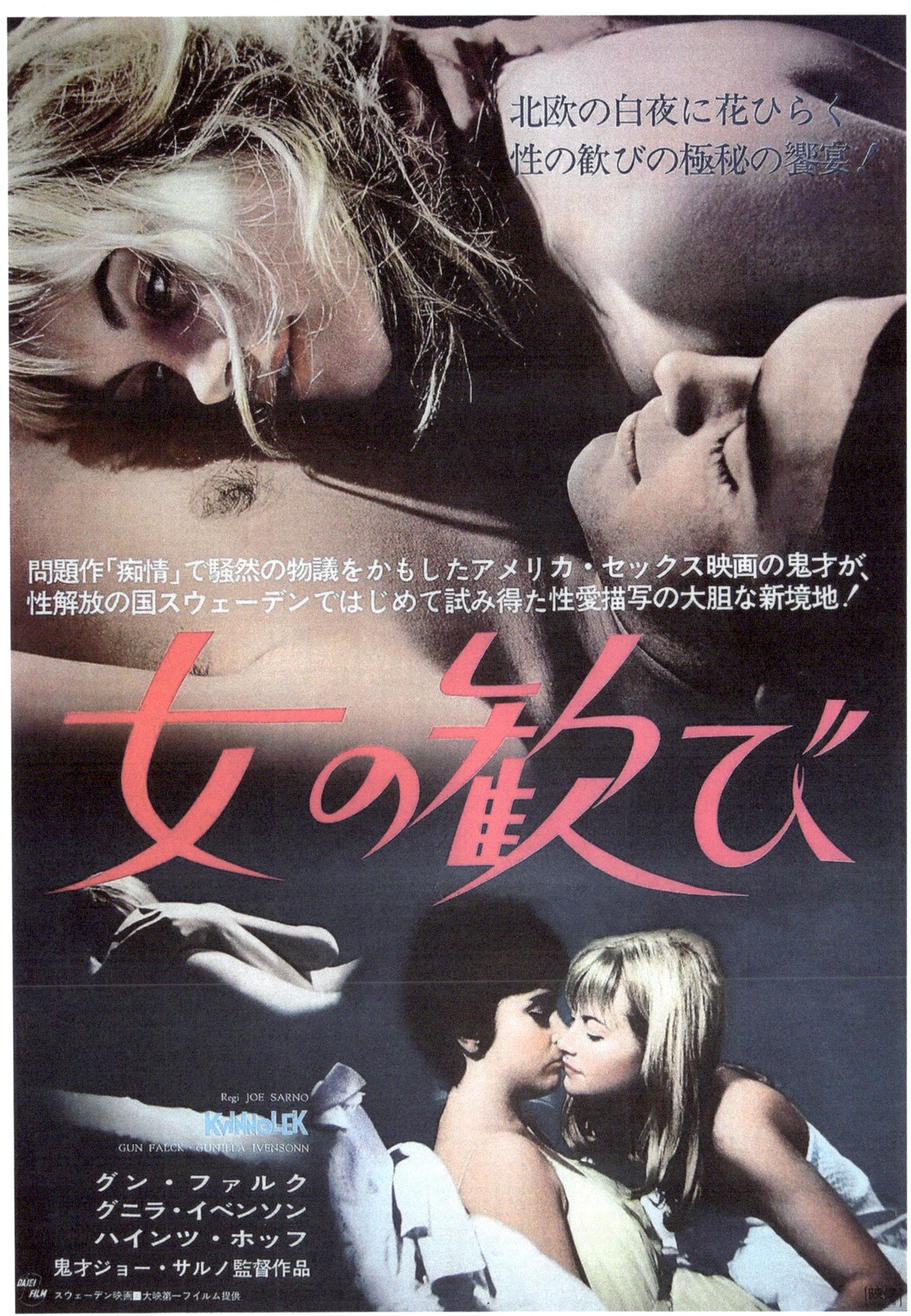

北欧の白夜に花ひらく
性の歓びの極秘の饗宴！

問題作「痴情」で騒然の物議をかもしたアメリカ・セックス映画の鬼才が、
性解放の国スウェーデンではじめて試み得た性愛描写の大胆な新境地！

女の歓び

Regi JOE SARNO
KVINNOLEK
GUN FALCK · GUNILLA IVENSONN

グン・ファルク
グニラ・イベンソン
ハインツ・ホッフ
鬼才ジョー・サルノ監督作品

スウェーデン映画　大映第一フイルム提供

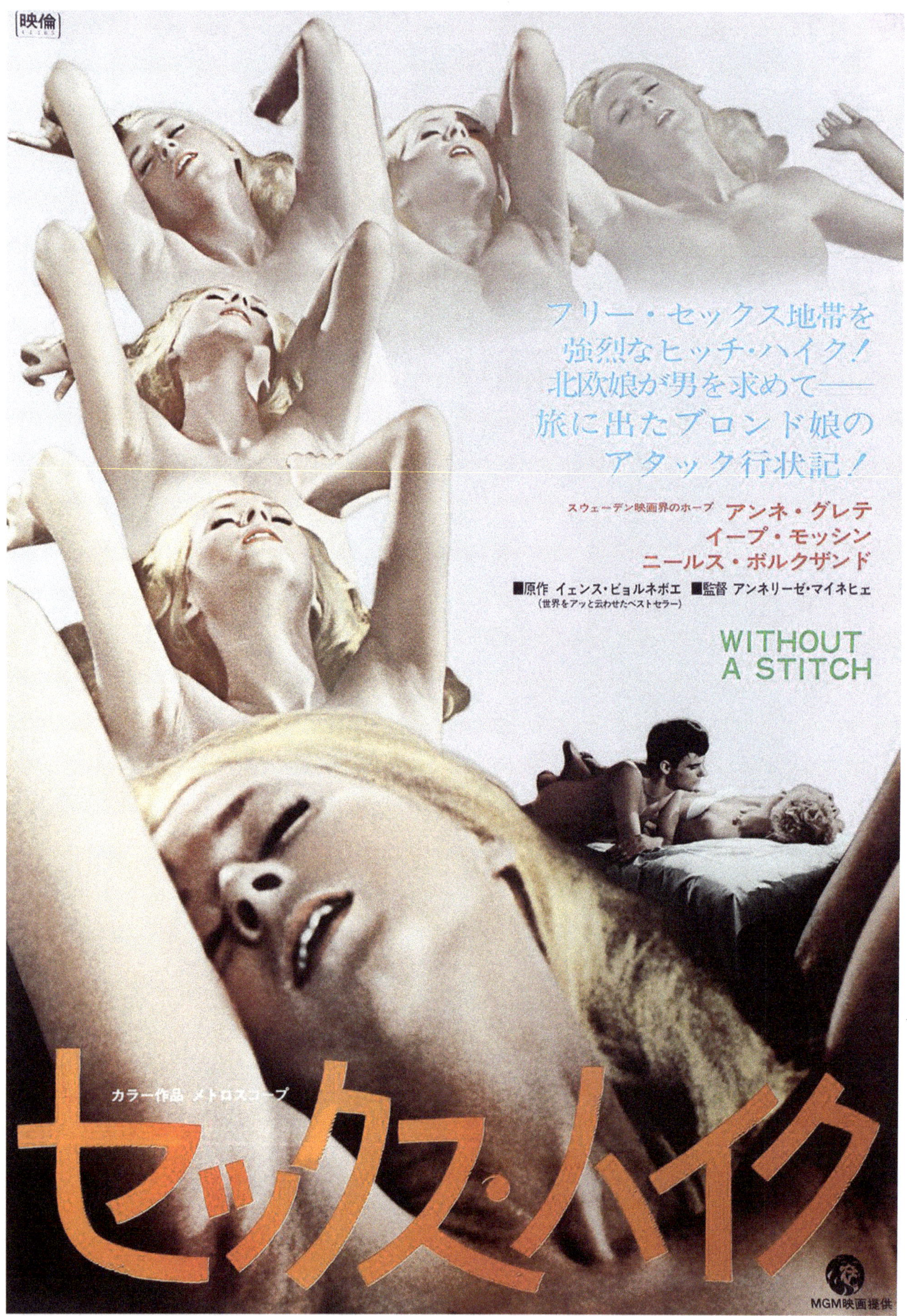
映倫

フリー・セックス地帯を
強烈なヒッチ・ハイク！
北欧娘が男を求めて——
旅に出たブロンド娘の
アタック行状記！

スウェーデン映画界のホープ　アンネ・グレテ
イープ・モッシン
ニールス・ボルクザンド

■原作 イェンス・ビョルネボエ　■監督 アンネリーゼ・マイネヒェ
（世界をアッと云わせたベストセラー）

WITHOUT
A STITCH

カラー作品 メトロスコープ

セックス・ハイク

MGM映画提供

UDEN EN TRÆVL

(Denmark, 1968)

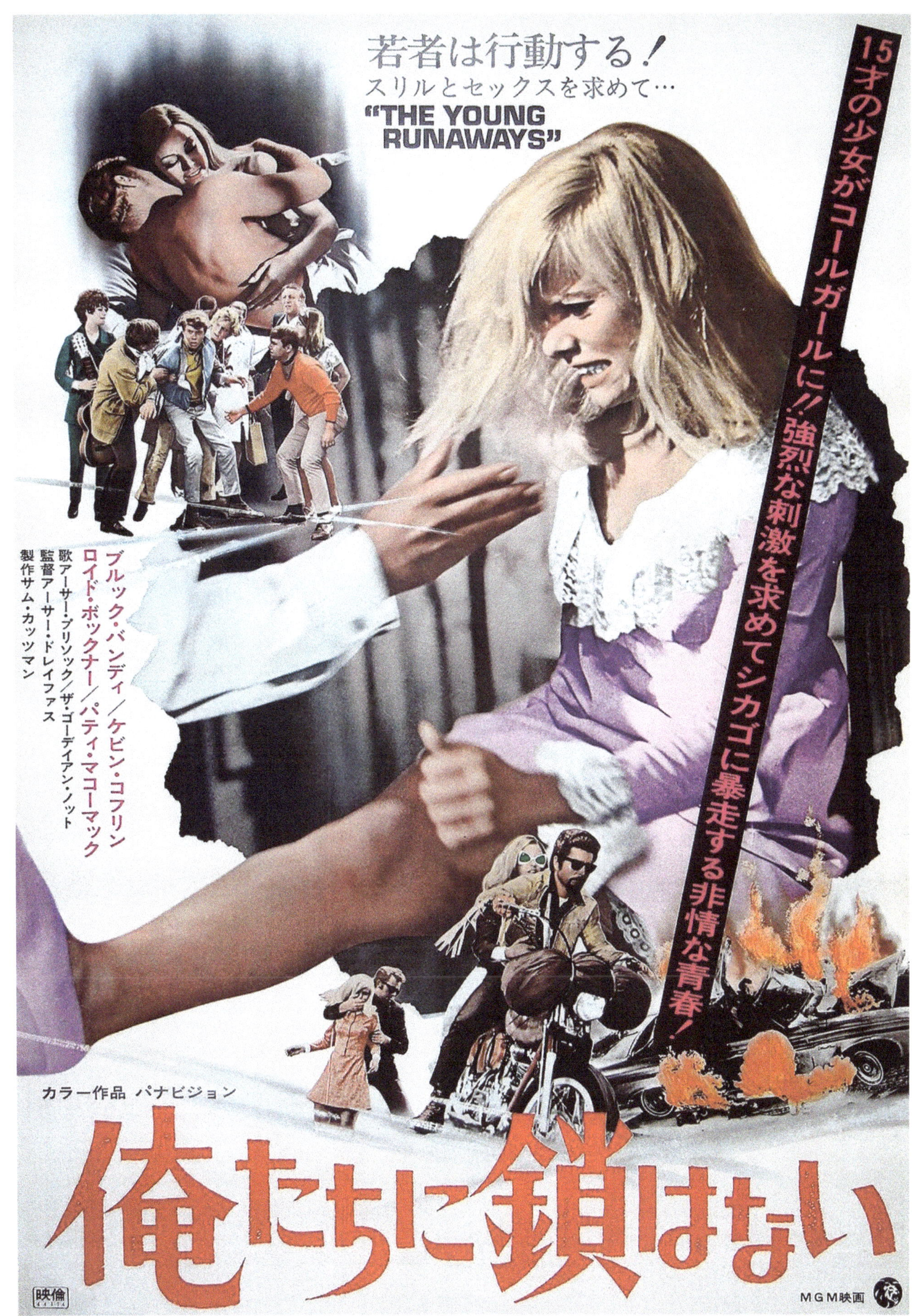
若者は行動する！
スリルとセックスを求めて…
"THE YOUNG RUNAWAYS"
15才の少女がコールガールに!! 強烈な刺激を求めてシカゴに暴走する非情な青春！
ブルック・バンディ／ケビン・コフリン
ロイド・ボックナー／パティ・マコーマック
歌アーサー・プリソック／ザ・ゴーディアン・ノット
監督アーサー・ドレイファス
製作サム・カッツマン
カラー作品 パナビジョン
俺たちに鎖はない
映倫
MGM映画

THE YOUNG RUNAWAYS
(USA, 1968)

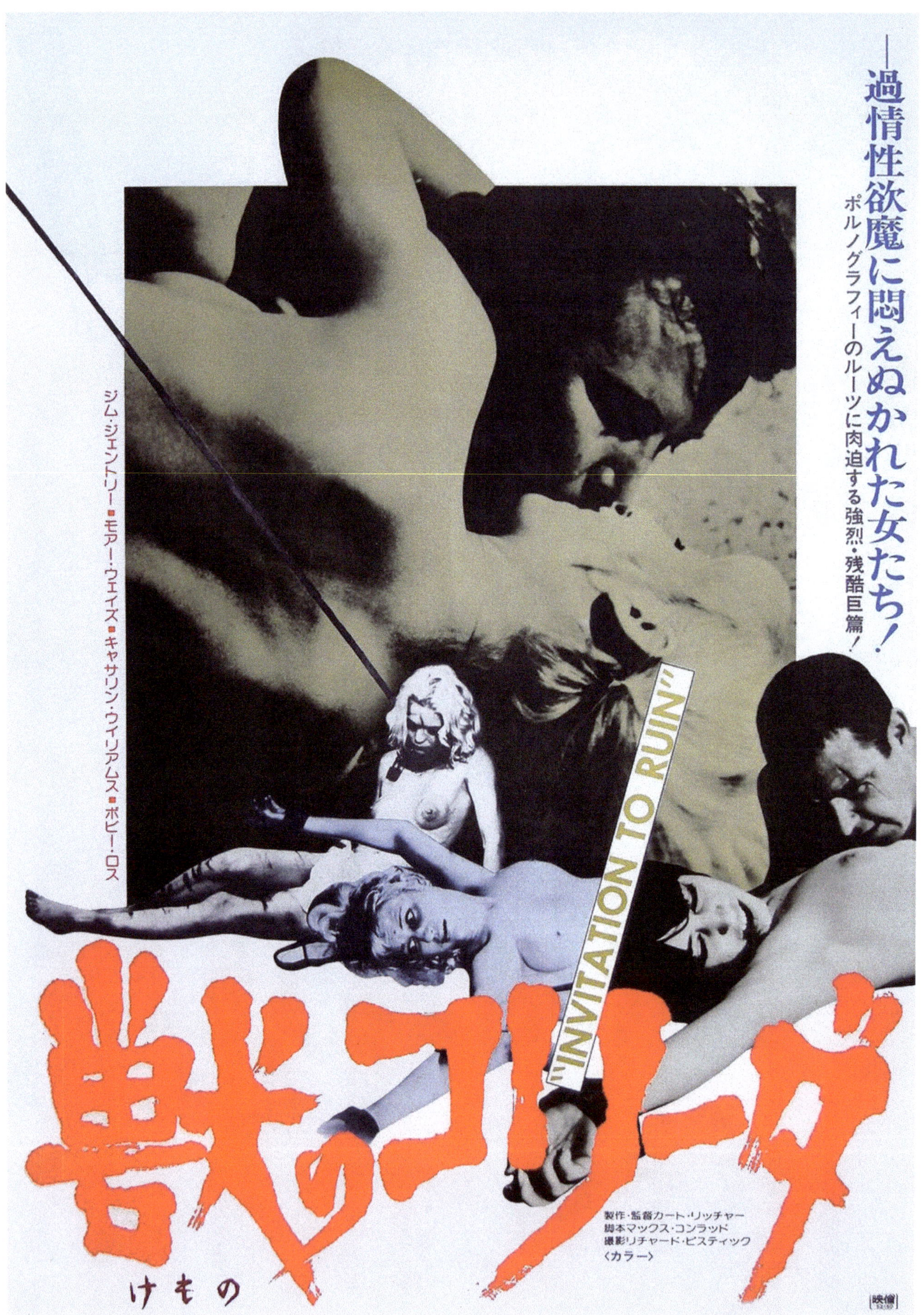

―過情性欲魔に悶えぬかれた女たち！
ポルノグラフィーのルーツに肉迫する強烈・残酷巨篇！
ジム・ジェントリー■モアー・ウェイズ■キャサリン・ウイリアムス■ボビー・ロス
"INVITATION TO RUIN"
獣のコリーダ
けもの
製作・監督カート・リッチャー
脚本マックス・コンラッド
撮影リチャード・ビスティック
〈カラー〉

INVITATION TO RUIN

(USA, 1968)

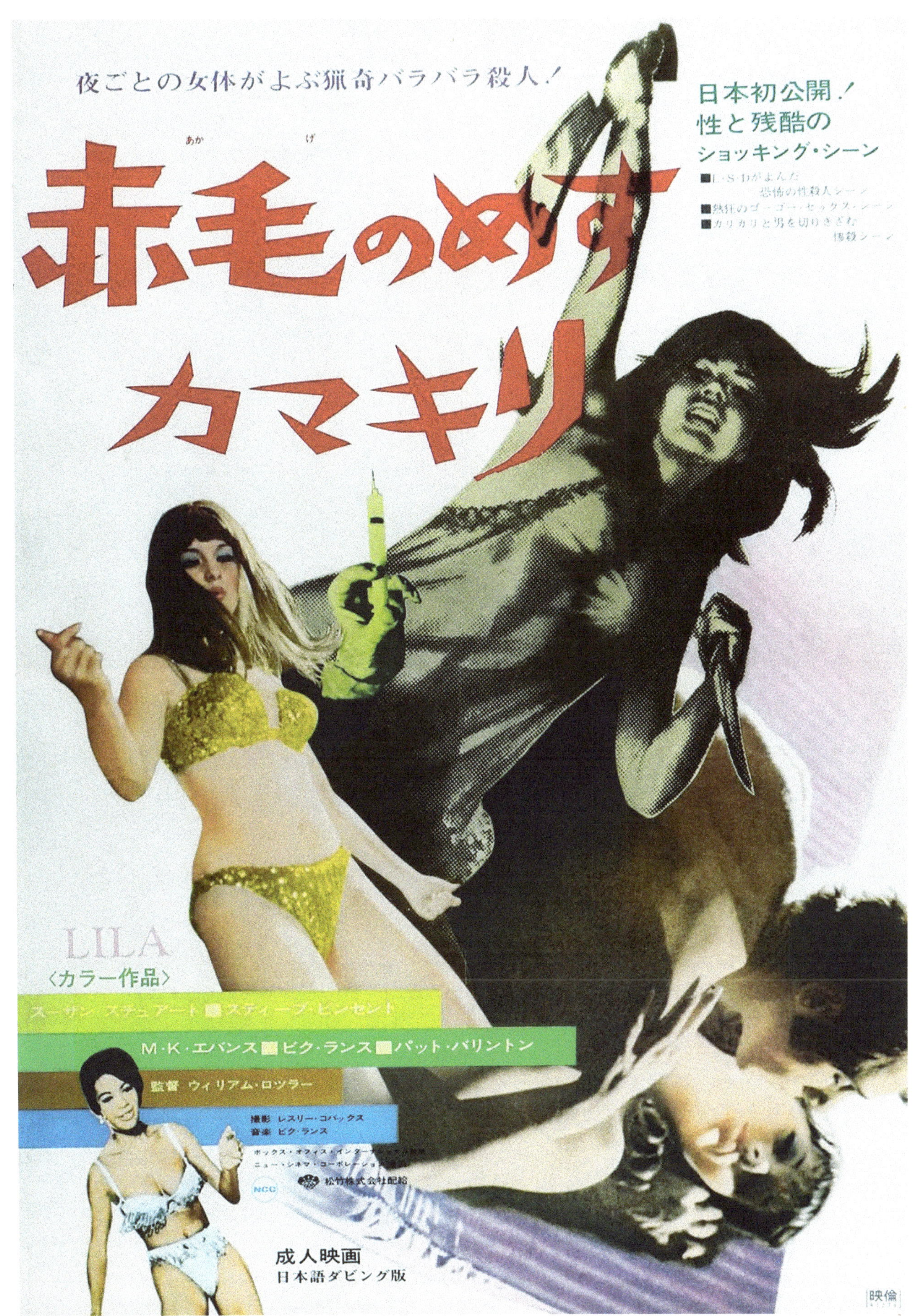

夜ごとの女体がよぶ猟奇バラバラ殺人！
日本初公開！
性と残酷の
ショッキング・シーン
■L・S・Dがよんだ
恐怖の性殺人シーン
■熱狂のゴー・ゴー・セックス・シーン
■カリカリと男を切りさざむ
惨殺シーン
赤毛のめす
カマキリ
LILA
〈カラー作品〉
スーザン・スチュアート　スティーブ・ビンセント
M・K・エバンス　ビク・ランス　パット・バリントン
監督　ウィリアム・ロツラー
撮影　レスリー・コバックス
音楽　ビク・ランス
ボックス・オフィス・インターナショナル製作
ニュー・シネマ・コーポレーション提供
NCC
松竹株式会社配給
成人映画
日本語ダビング版
映倫

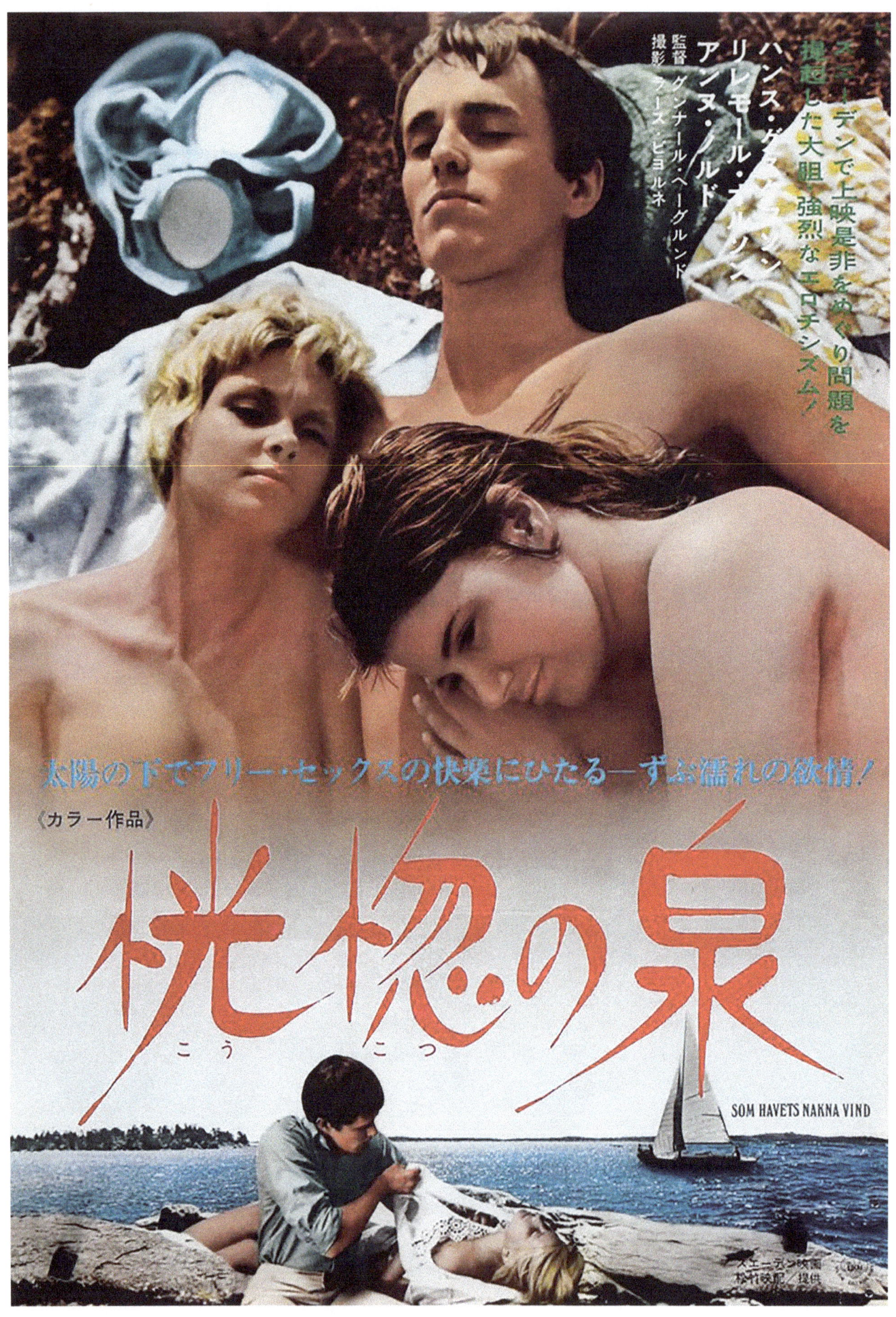
スウェーデンで上映是非をめぐり問題を
提起した大胆・強烈なエロチシズム！
ハンス・グスタフソン
リレモール・アーノ
アンヌ・ノルド
監督 グンナール・ヘーグルンド
撮影 ラーシ・ビョルネ
太陽の下でフリー・セックスの快楽にひたる—ずぶ濡れの欲情！
〈カラー作品〉
恍惚の泉
こう　こつ
SOM HAVETS NAKNA VIND
スエーデン映画
松竹映配 提供

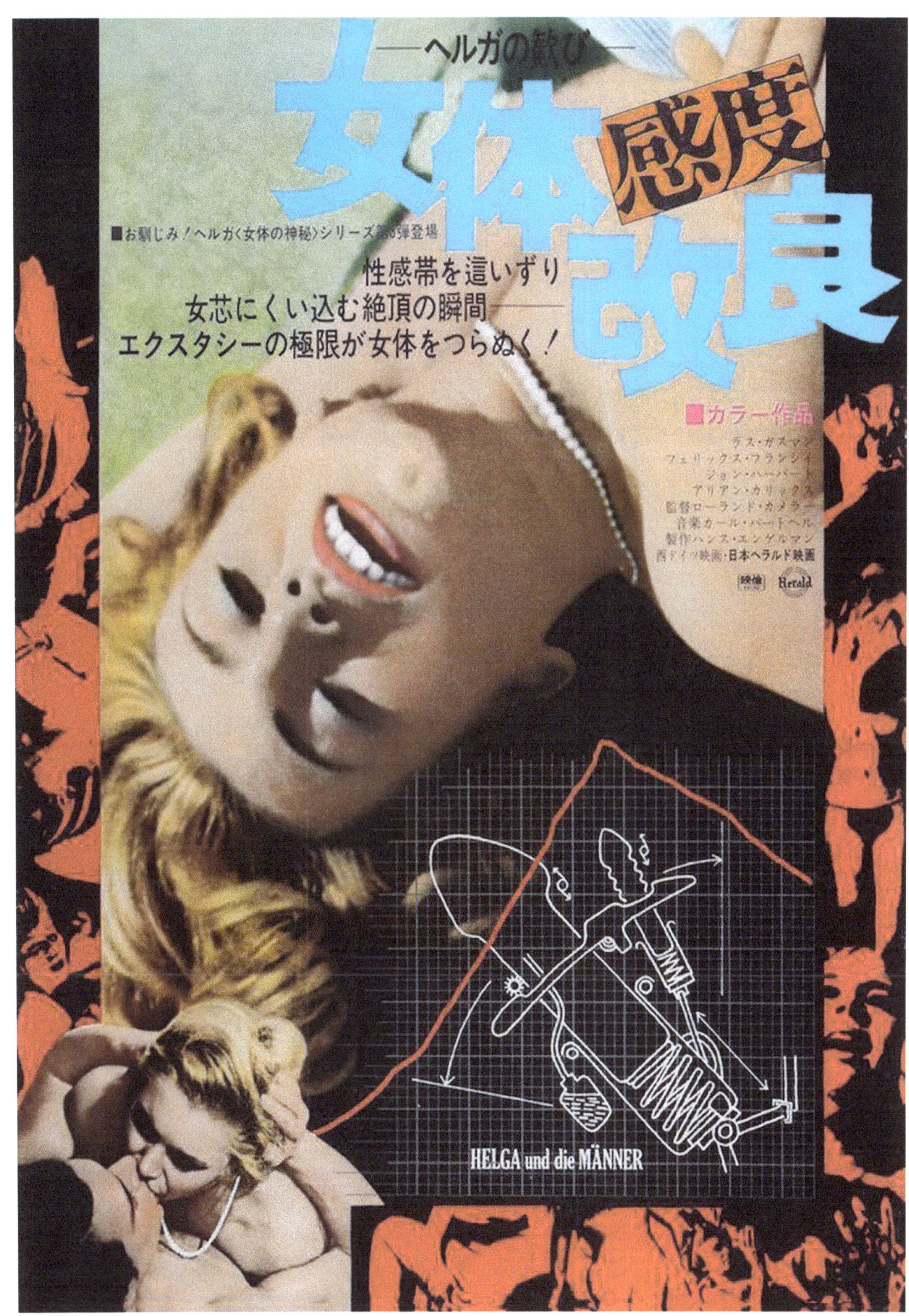

―ヘルガの歓び―
女体感度改良
■お馴じみ！ヘルガ〈女体の神秘〉シリーズ第3弾登場
性感帯を這いずり
女芯にくい込む絶頂の瞬間――
エクスタシーの極限が女体をつらぬく！
■カラー作品
ラス・ガスマン
フェリックス・フランシ
ジョン・ハーバー
アリアン・カリックス
監督ローランド・カノラー
音楽カール・バートヘル
製作ハンス・エンゲルマン
西ドイツ映画・日本ヘラルド映画
映倫　Herald
HELGA und die MÄNNER

HELGA UND DIE MÄNNER – DIE SEXUELLE REVOLUTIONE

(Germany, 1968)

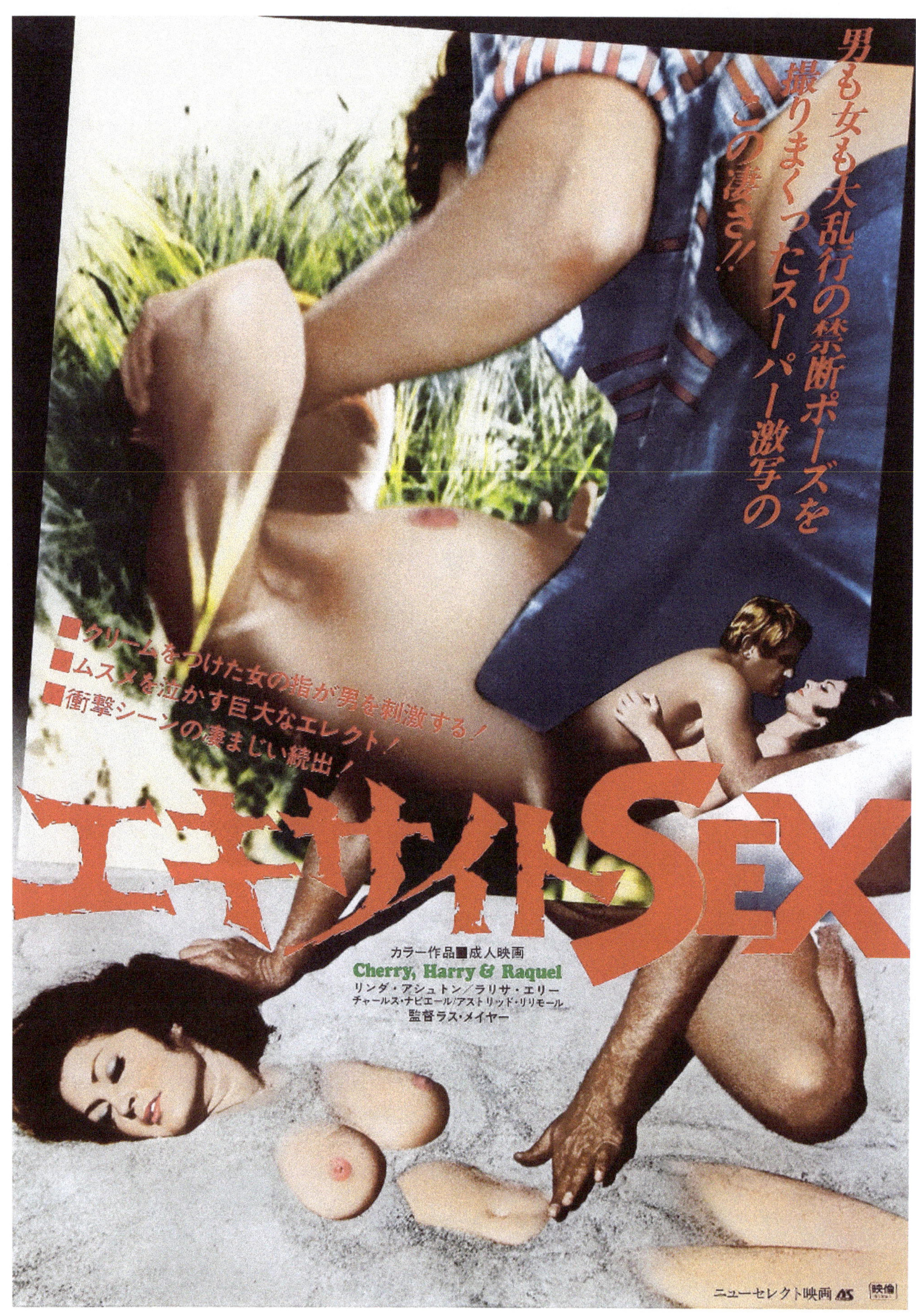

男も女も大乱行の禁断ポーズを撮りまくったスーパー激写のこの凄さ!!
■クリームをつけた女の指が男を刺激する!
■ムスメを泣かす巨大なエレクト!
■衝撃シーンの凄まじい続出!
エキサイトSEX
カラー作品■成人映画
Cherry, Harry & Raquel
リンダ・アシュトン/ラリサ・エリー
チャールズ・ナピエール/アストリッド・リリモール
監督ラス・メイヤー
ニューセレクト映画

CHERRY, HARRY AND RAQUEL!
(USA, 1969)

24

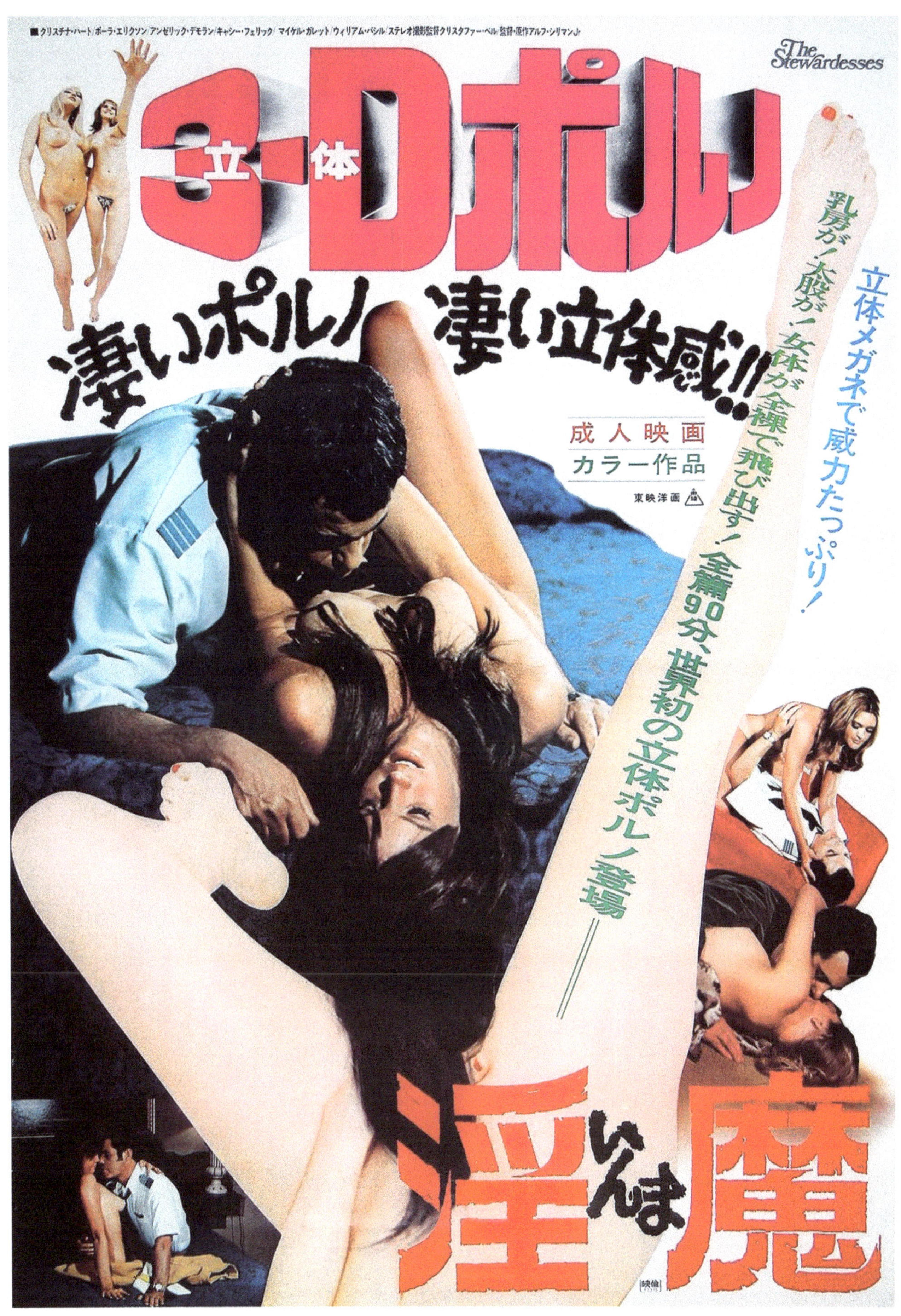
■クリスチナ・ハート／ポーラ・エリクソン／アンゼリック・デモラン／キャシー・フェリック／マイケル・ガレット／ウィリアム・バシル／ステレオ撮影監督クリスタファー・ベル／監督・原作アルフ・シリマンJr
The Stewardesses
立体 3-Dポルノ
凄いポルノ 凄い立体感!!
成人映画
カラー作品
東映洋画
立体メガネで威力たっぷり！
乳房が！太股が！女体が全裸で飛び出す！全篇90分、世界初の立体ポルノ登場──
淫魔
いんま
映倫

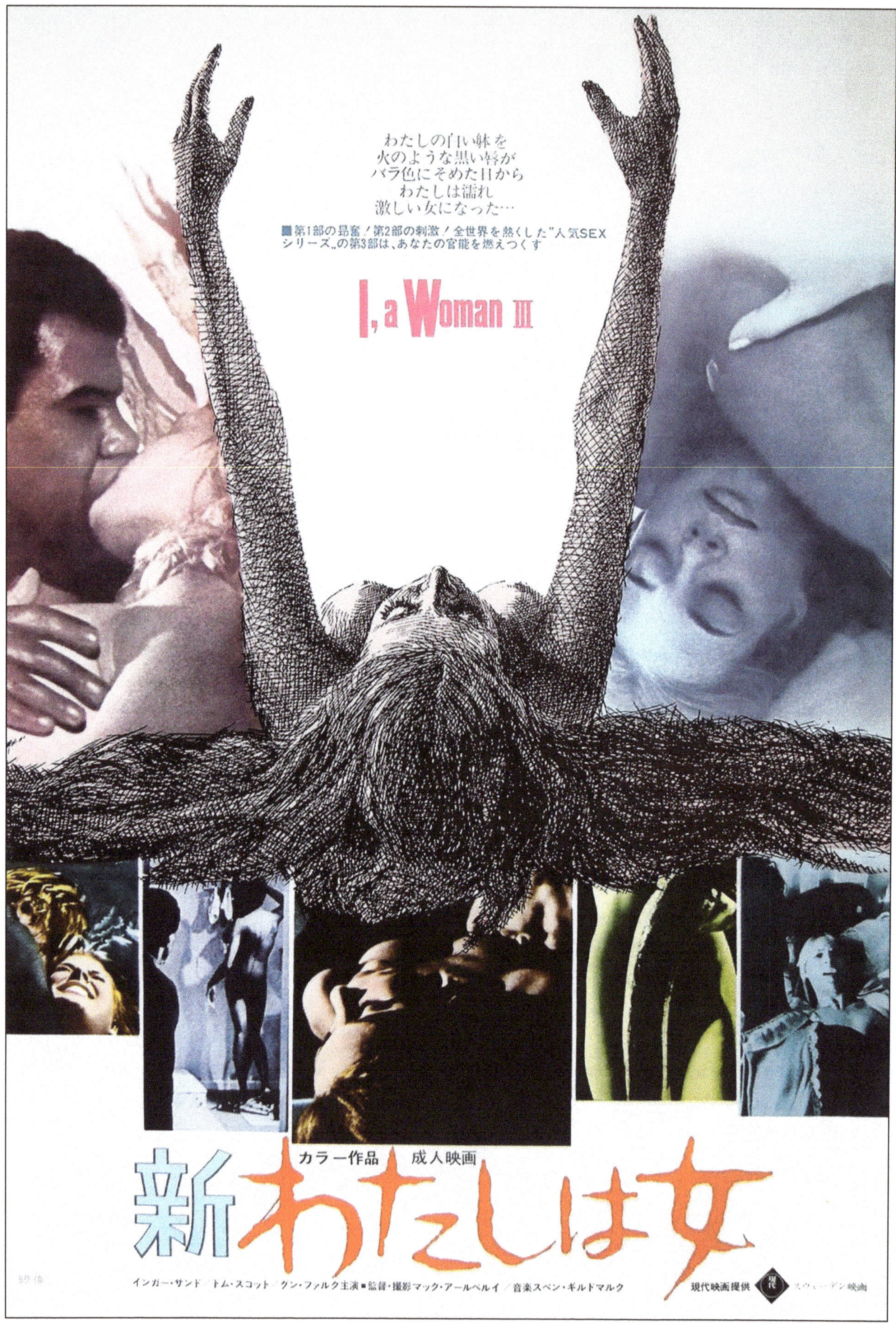

わたしの白い躰を
火のような黒い唇が
バラ色にそめた日から
わたしは濡れ
激しい女になった…
■第1部の昂奮！第2部の刺激！全世界を熱くした"人気SEX
シリーズ"の第3部は、あなたの官能を燃えつくす

I, a Woman III

カラー作品　成人映画

新 わたしは女

インガー・サンド／トム・スコット／クン・ファルク主演■監督・撮影マック・アールベルイ／音楽スペン・ギルドマルク

現代映画提供　スウェーデン映画

3 SLAGS KÆRLIGHED

(Denmark, 1970)

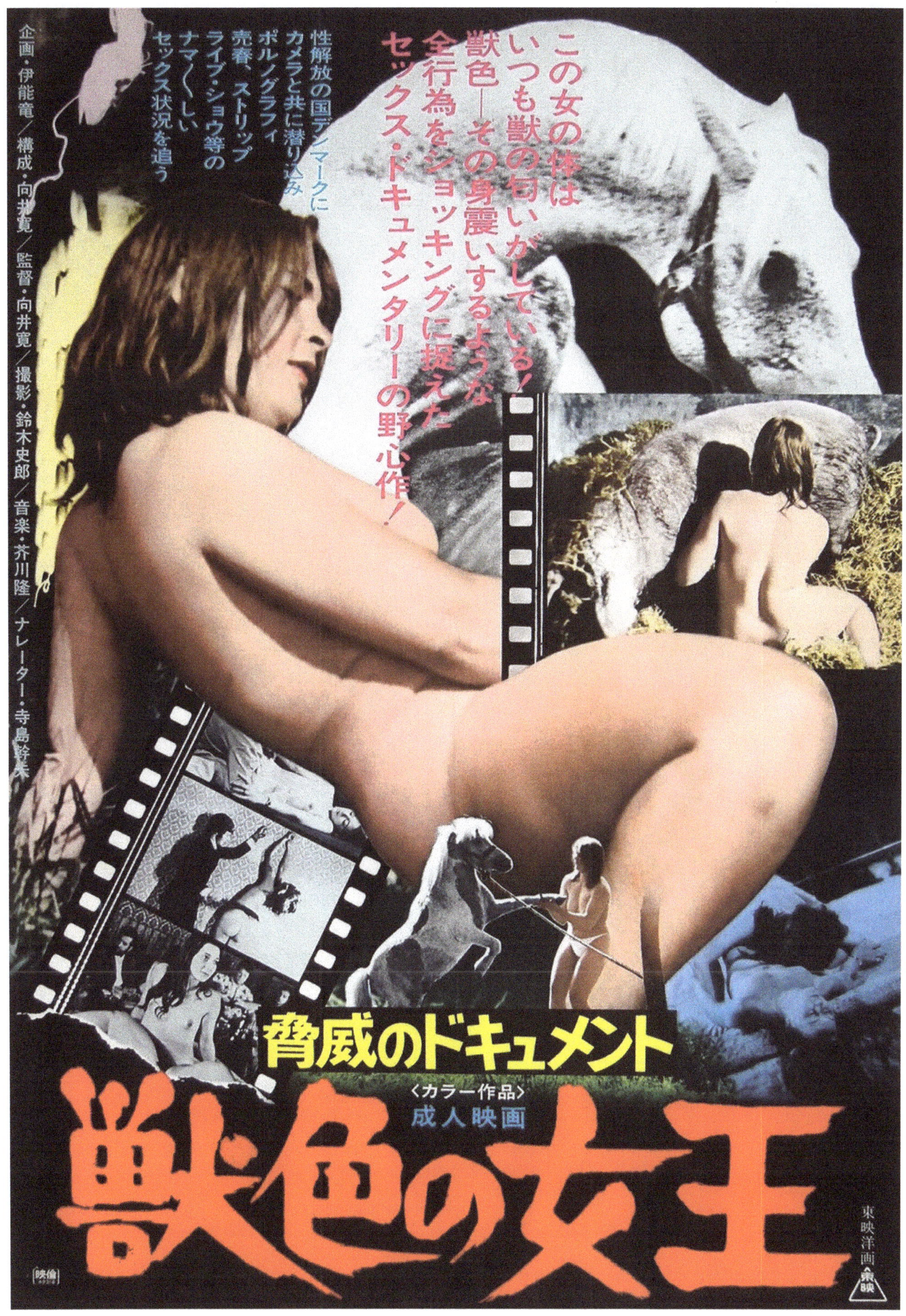

この女の体はいつも獣の匂いがしている！
獣色—その身震いするような全行為をショッキングに捉えたセックス・ドキュメンタリーの野心作！
企画・伊能竜／構成・向井寛／監督・向井寛／撮影・鈴木史郎／音楽・芥川隆／ナレーター・寺島幹夫
性解放の国デンマークにカメラと共に潜り込みポルノグラフィ売春、ストリップライブ・ショウ等のナマくるしいセックス状況を追う
脅威のドキュメント
＜カラー作品＞
成人映画
獣色の女王
東映洋画系映

ANIMAL WOMAN
(Denmark, 1970)

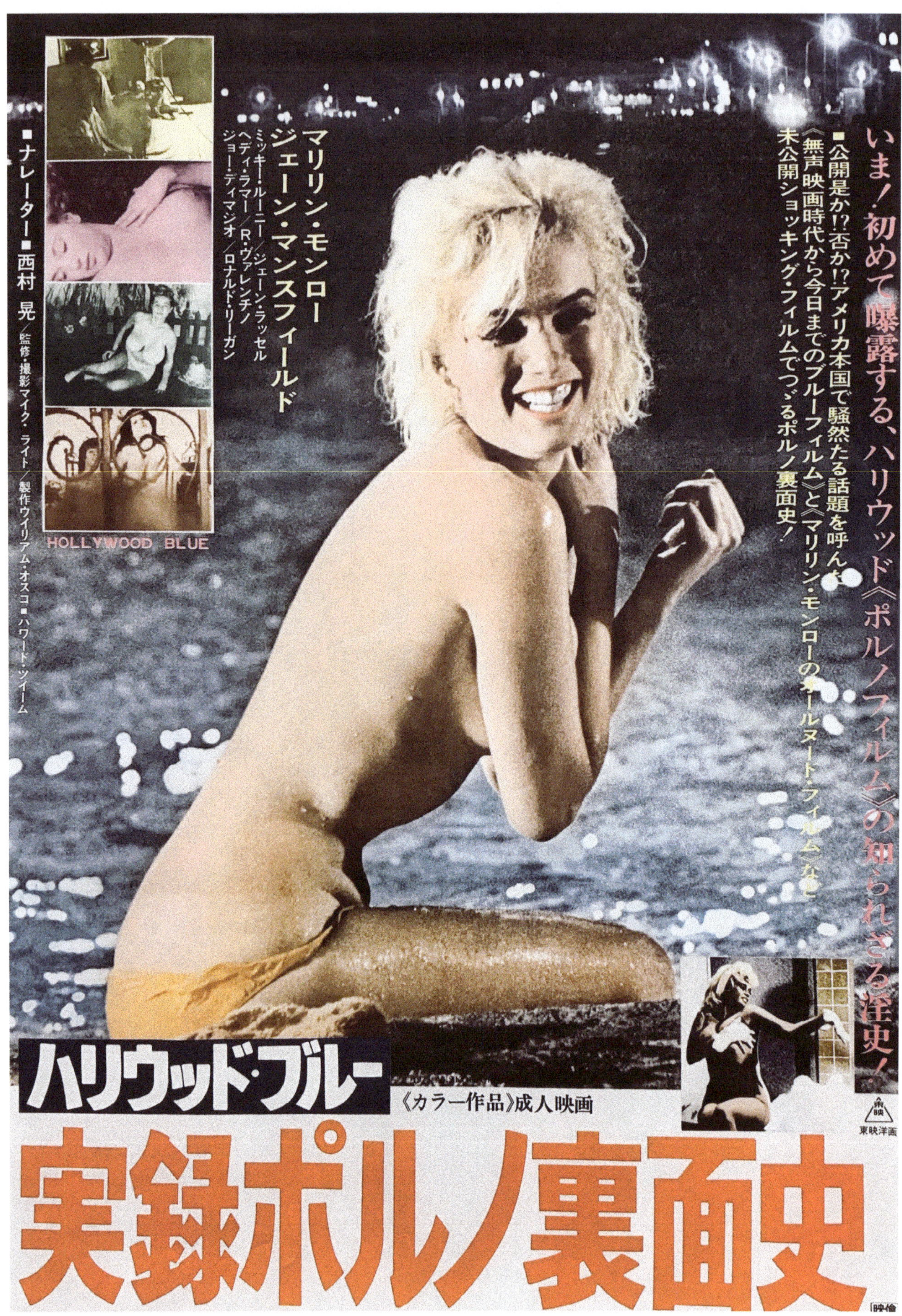
いま！初めて曝露する、ハリウッド《ポルノフィルム》の知られざる淫史！

■公開是か!?否か!?アメリカ本国で騒然たる話題を呼んだ《無声映画時代から今日までのブルーフィルム》と《マリリン・モンローのオールヌード・フィルム》など未公開ショッキング・フィルムでつゞるポルノ裏面史！

マリリン・モンロー
ジェーン・マンスフィールド
ミッキー・ルーニー／ジェーン・ラッセル
ヘディ・ラマー／R・ヴァレンチノ
ジョー・ディマジオ／ロナルド・リーガン

■ナレーター■西村 晃／監修・撮影マイク・ライト／製作ウイリアム・オスコ■ハワード・ツイーム

HOLLYWOOD BLUE

ハリウッド・ブルー
《カラー作品》成人映画
実録ポルノ裏面史

東映洋画

HOLLYWOOD BLUE

(USA, 1970)

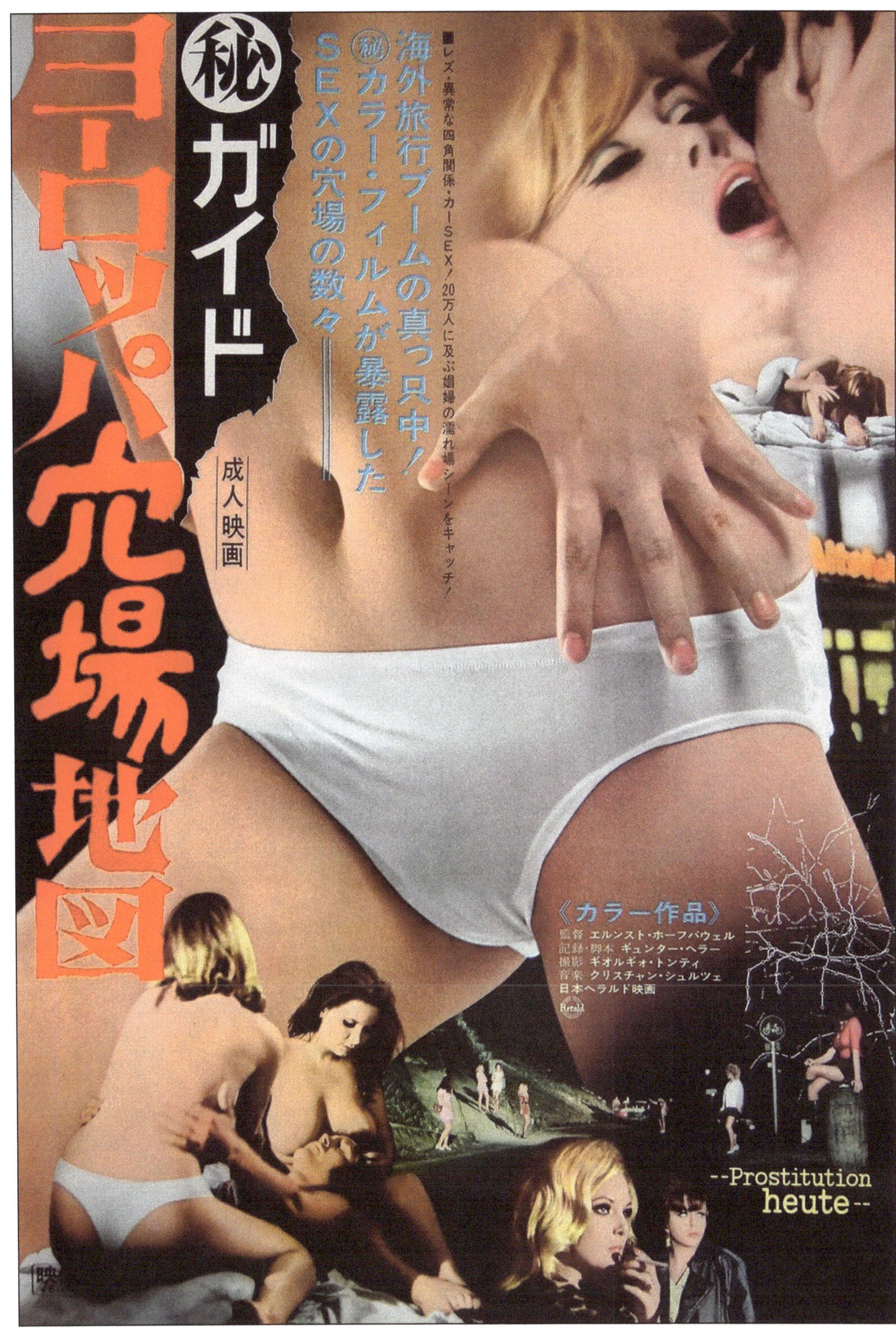
秘 ガイド
ヨーロッパ穴場地図
成人映画
■レズ・異常な四角関係・カーSEX！20万人に及ぶ娼婦の濡れ場シーンをキャッチ！
秘 海外旅行ブームの真っ只中！
秘 カラー・フィルムが暴露した
SEXの穴場の数々——
《カラー作品》
監督 エルンスト・ホーフバウェル
記録・脚本 ギュンター・ヘラー
撮影 ギオルギオ・トンティ
音楽 クリスチャン・シュルツェ
日本ヘラルド映画
Herald
--Prostitution heute--

PROSTITUTION HEUTE
(Germany, 1970)

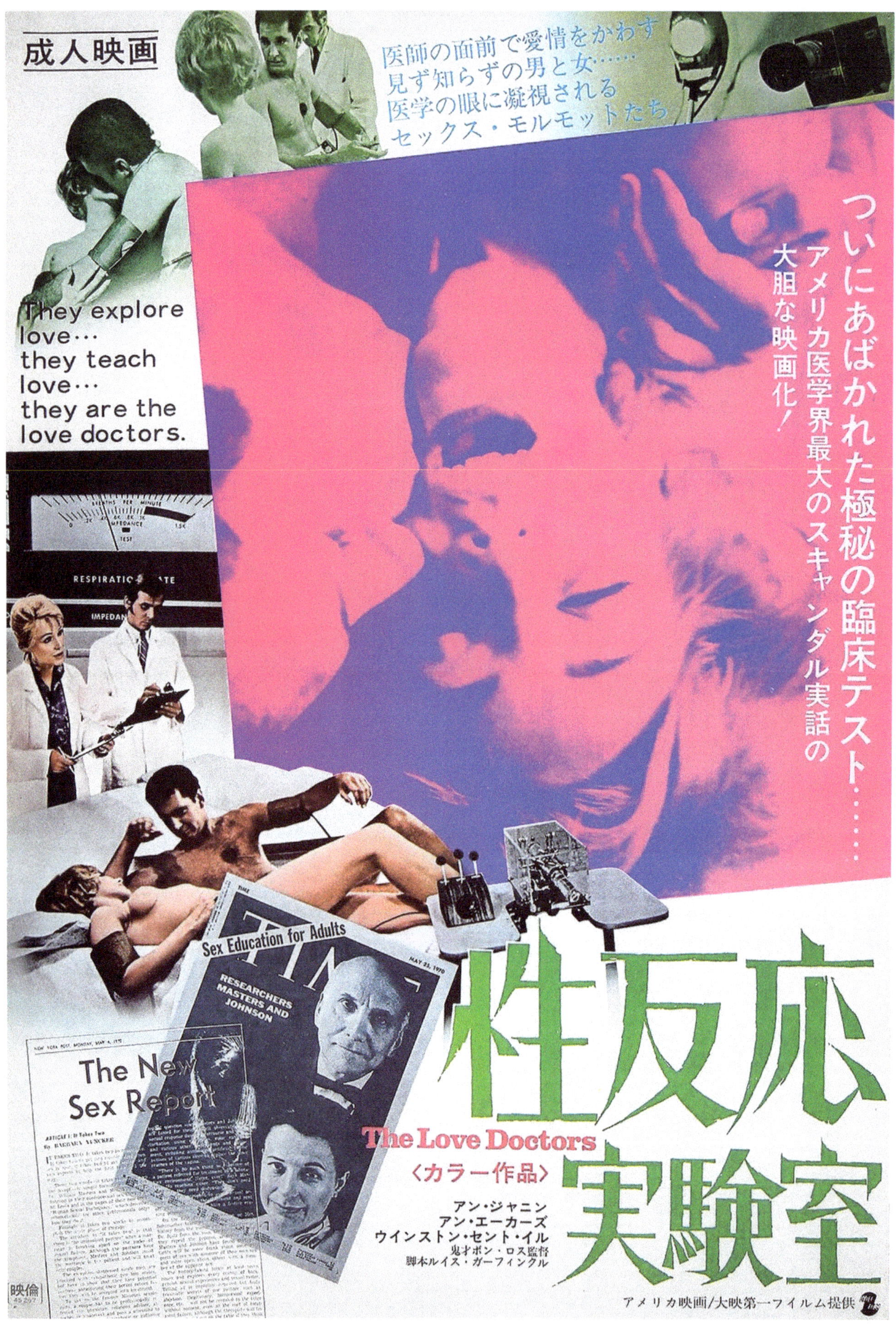
成人映画
They explore
love…
they teach
love…
they are the
love doctors.
医師の面前で愛情をかわす
見ず知らずの男と女……
医学の眼に凝視される
セックス・モルモットたち
ついにあばかれた極秘の臨床テスト……
アメリカ医学界最大のスキャンダル実話の
大胆な映画化！
Sex Education for Adults
RESEARCHERS
MASTERS AND
JOHNSON
The New
Sex Report
性反応
実験室
The Love Doctors
〈カラー作品〉
アン・ジャニン
アン・エーカーズ
ウインストン・セント・イル
鬼才ポン・ロス監督
脚本ルイス・ガーフィンクル
映倫
アメリカ映画／大映第一フィルム提供

THE LOVE DOCTORS

(USA, 1970)

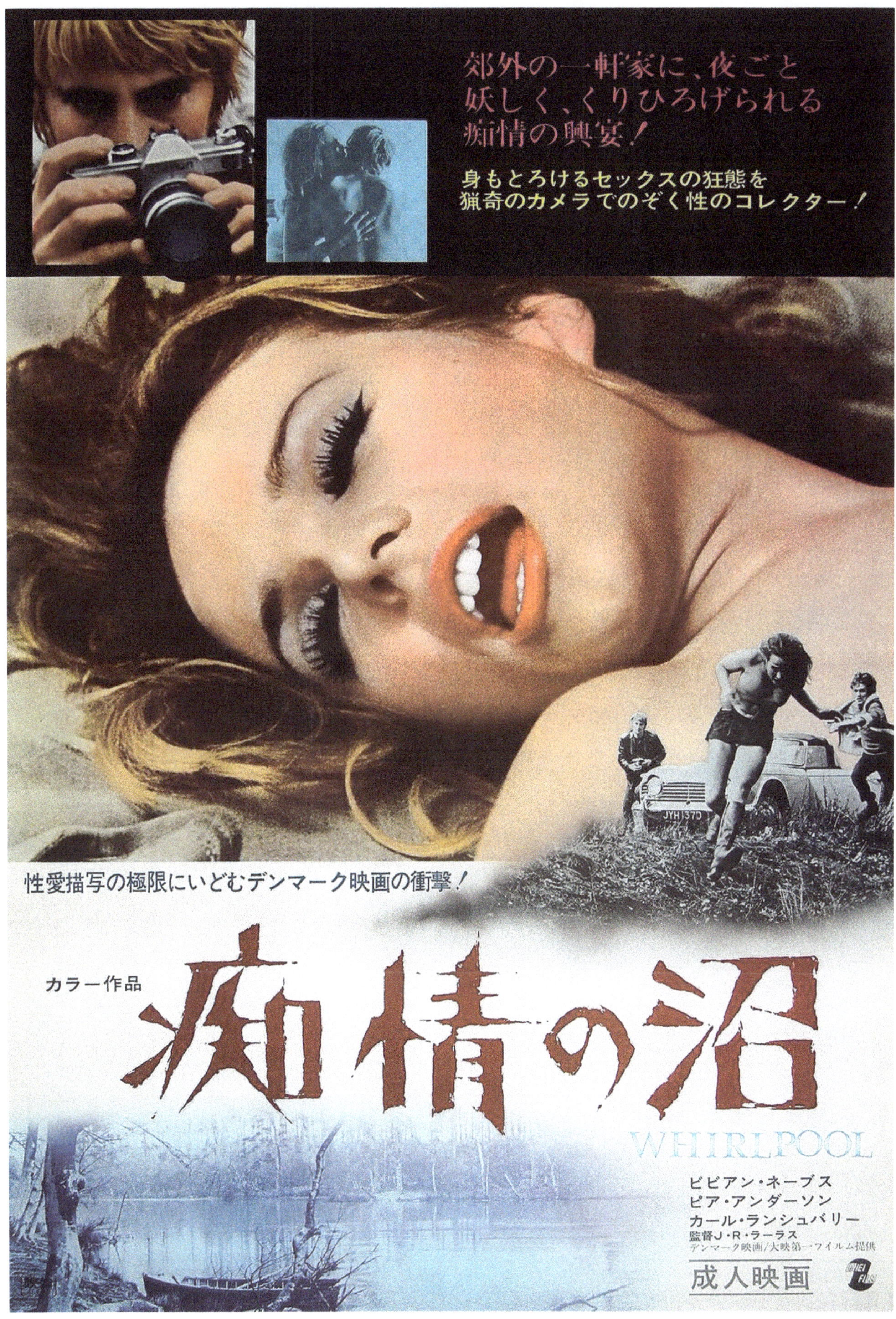

郊外の一軒家に、夜ごと
妖しく、くりひろげられる
痴情の興宴！
身もとろけるセックスの狂態を
猟奇のカメラでのぞく性のコレクター！
性愛描写の極限にいどむデンマーク映画の衝撃！
カラー作品
痴情の沼
WHIRLPOOL
ビビアン・ネーブス
ピア・アンダーソン
カール・ランシュバリー
監督J・R・ラーラス
デンマーク映画/大映第一・フイルム提供
成人映画

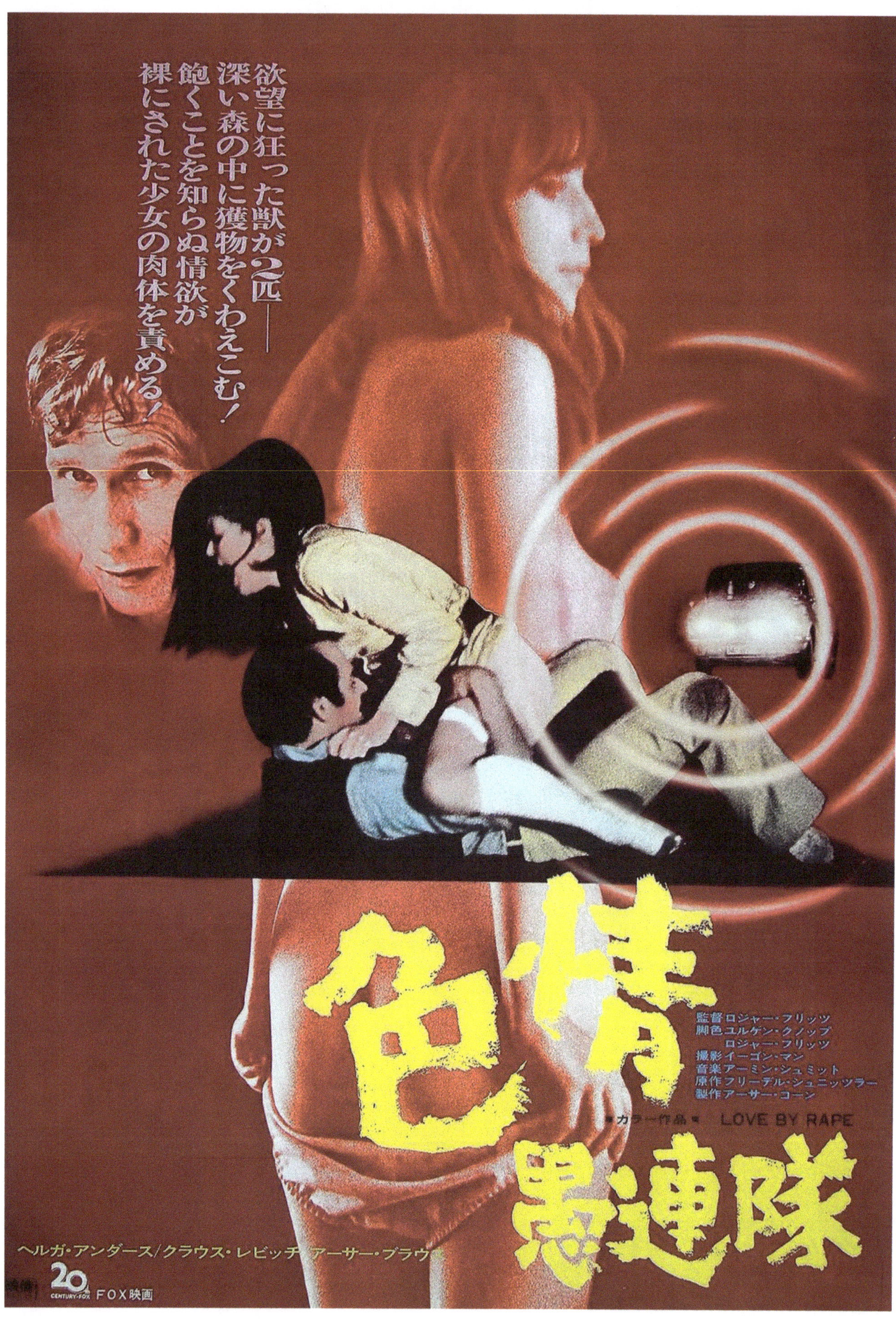
欲望に狂った獣が2匹——
深い森の中に獲物をくわえこむ!
飽くことを知らぬ情欲が
裸にされた少女の肉体を責める!
監督 ロジャー・フリッツ
脚色 ユルゲン・クノップ
ロジャー・フリッツ
撮影 イーゴン・マン
音楽 アーミン・シュミット
原作 フリーデル・シュニッツラー
製作 アーサー・コーン
カラー作品
LOVE BY RAPE
色情愚連隊
ヘルガ・アンダース/クラウス・レビッチ アーサー・ブラウ
20 CENTURY-FOX FOX映画

MÄDCHEN MIT GEWALT

(Germany, 1970)

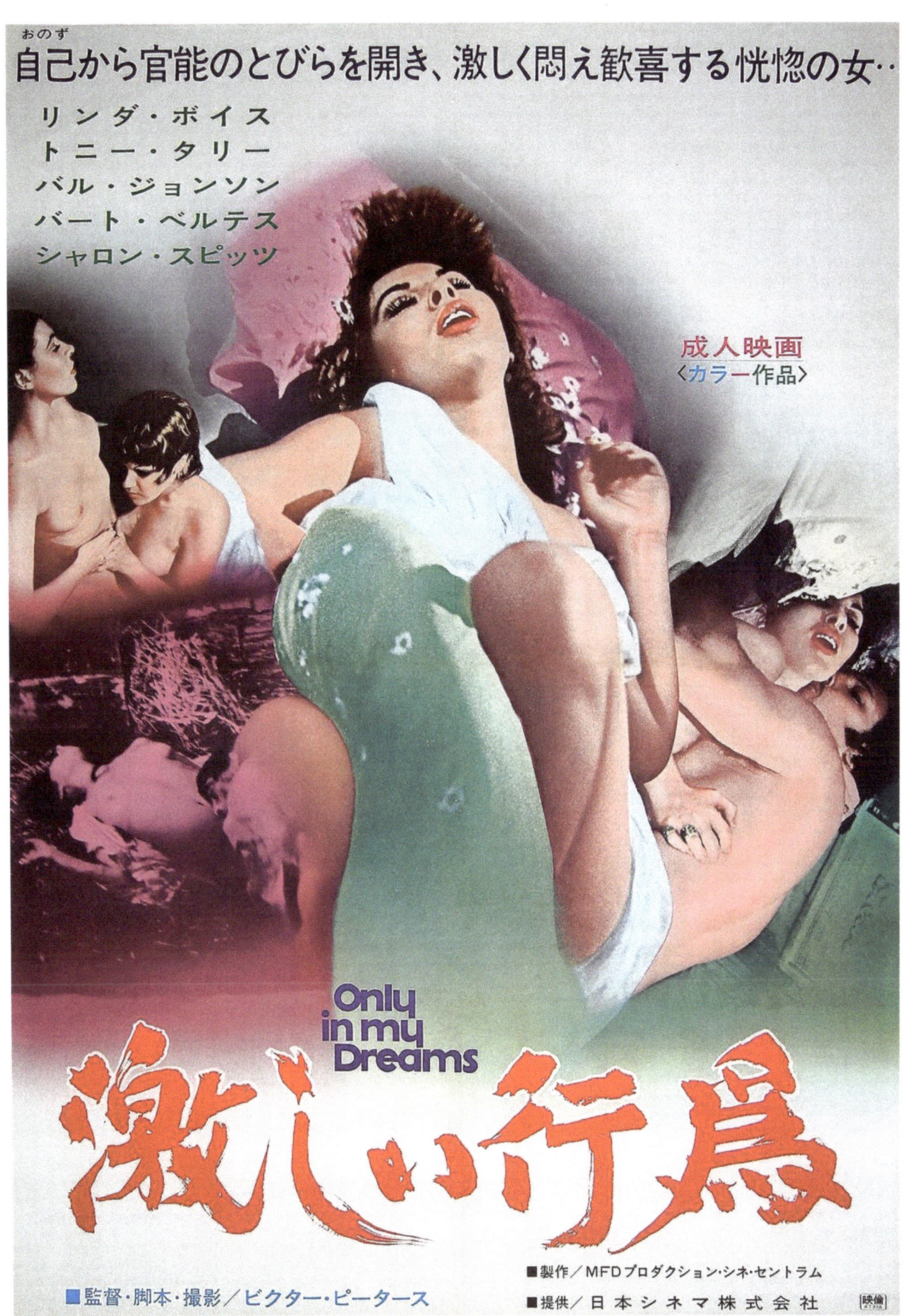
自己から官能のとびらを開き、激しく悶え歓喜する恍惚の女‥
リンダ・ボイス
トニー・タリー
バル・ジョンソン
バート・ベルテス
シャロン・スピッツ
成人映画
〈カラー作品〉
Only in my Dreams
激しい行鳥
■監督・脚本・撮影／ビクター・ピータース
■製作／MFDプロダクション・シネ・セントラム
■提供／日本シネマ株式会社
映倫

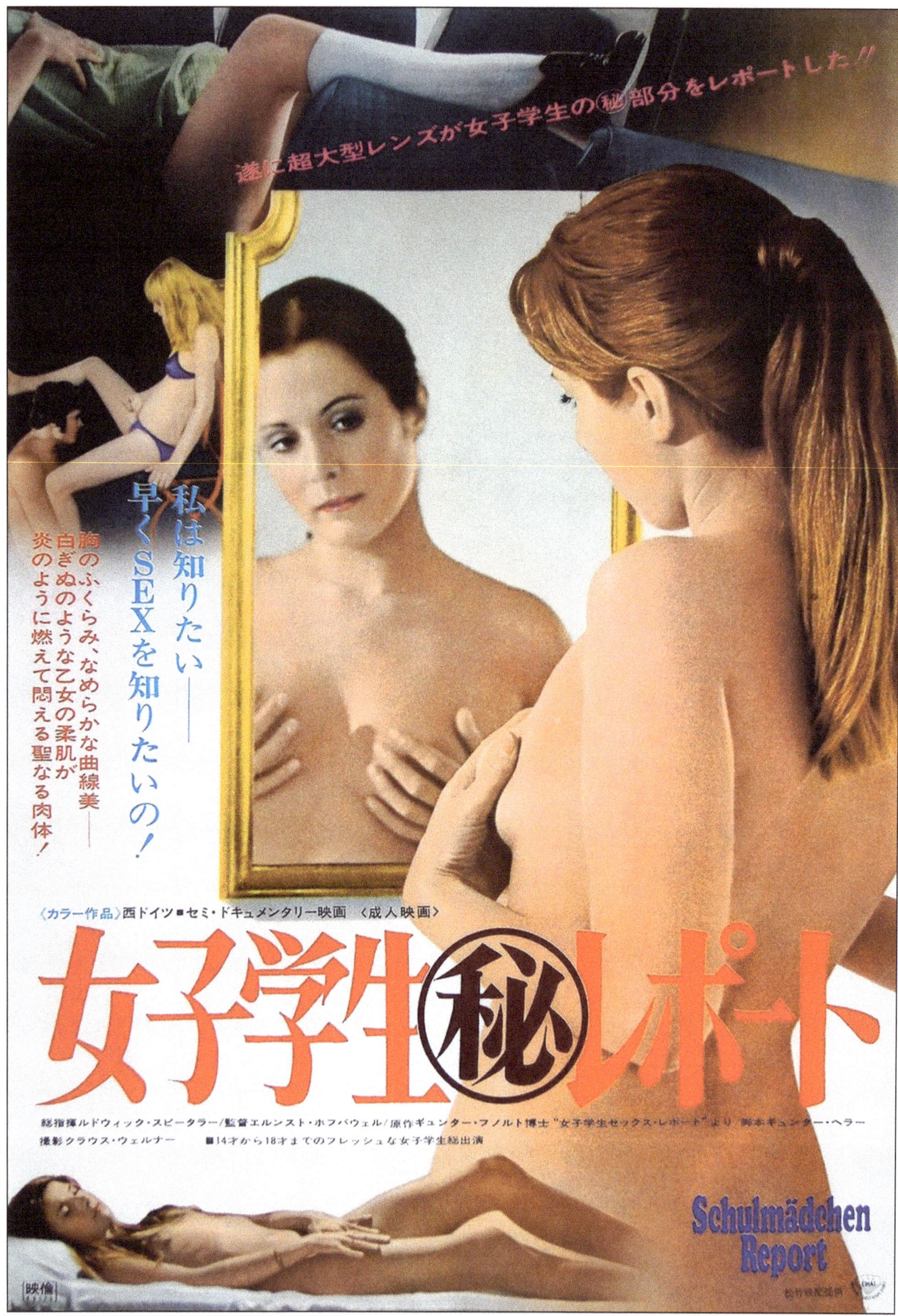

遂に超大型レンズが女子学生の㊙部分をレポートした!!
私は知りたい──
早くSEXを知りたいの！
胸のふくらみ、なめらかな曲線美──
白ぎぬのような乙女の柔肌が
炎のように燃えて悶える聖なる肉体！
《カラー作品》西ドイツ ■セミ・ドキュメンタリー映画 〈成人映画〉
女子学生㊙レポート
総指揮ルドウィック・スピータラー／監督エルンスト・ホフバウェル／原作ギュンター・フノルト博士 "女子学生セックス・レポート" より ／脚本ギュンター・ヘラー
撮影クラウス・ウェルナー　■14才から18才までのフレッシュな女子学生総出演
Schulmädchen
Report
映倫

SCHULMÄDCHEN REPORT 1.TEIL

(Germany, 1970)

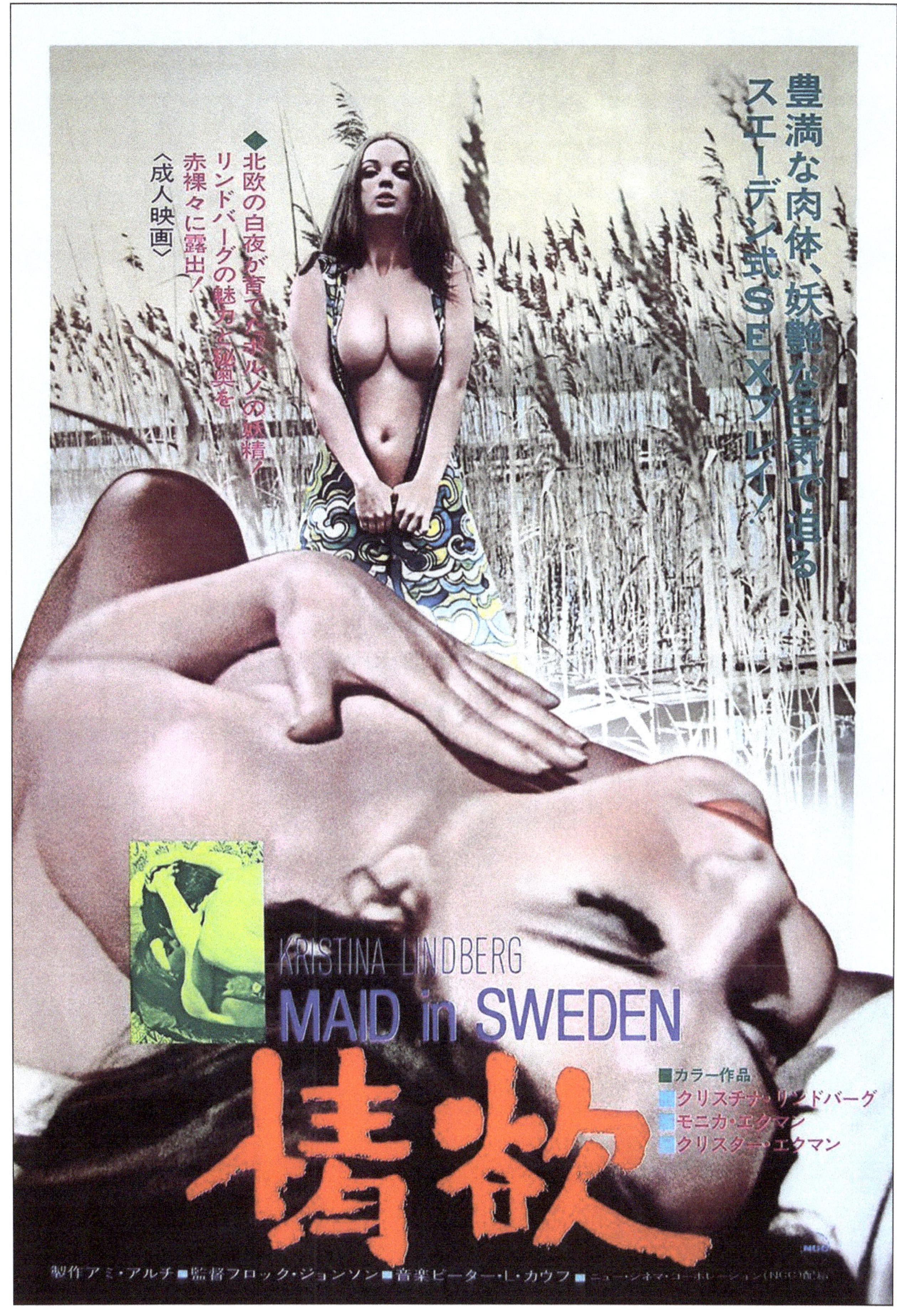
豊満な肉体、妖艶な色気で迫る
スエーデン式SEXプレイ！

◆北欧の白夜が育てたポルノの妖精！
リンドバーグの魅力と秘奥を
赤裸々に露出！

〈成人映画〉

KRISTINA LINDBERG
MAID in SWEDEN

■カラー作品
■クリスチナ・リンドバーグ
■モニカ・エクマン
■クリスター・エクマン

情欲

製作アミ・アルチ ■監督フロック・ジョンソン ■音楽ピーター・L・カウフ ■ニュー・シネマ・コーポレーション（NCC）配給

MAID IN SWEDEN

(Sweden/USA, 1971)

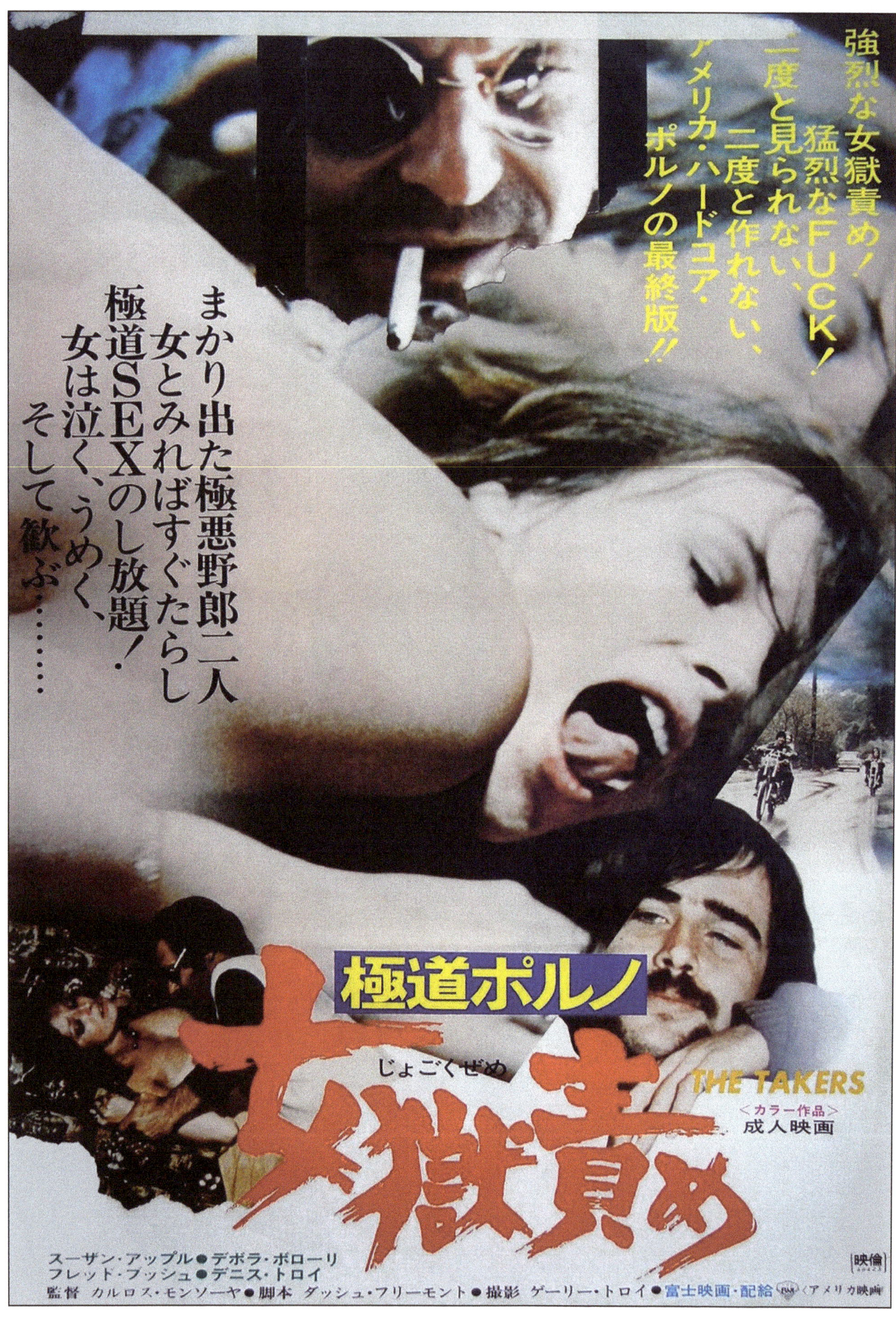

強烈な女獄責め！
猛烈なFUCK！
二度と見られない、二度と作れない、
アメリカ・ハードコア・ポルノの最終版！！
まかり出た極悪野郎二人
女とみればすぐたらし
極道SEXのし放題！
女は泣く、うめく、
そして歓ぶ……
極道ポルノ
じょごくぜめ
女獄責め
THE TAKERS
＜カラー作品＞
成人映画
スーザン・アップル●デボラ・ボローリ
フレッド・ブッシュ●デニス・トロイ
監督 カルロス・モンソーヤ●脚本 ダッシュ・フリーモント●撮影 ゲーリー・トロイ 富士映画・配給 ＜アメリカ映画
映倫

THE TAKERS

(USA, 1971)

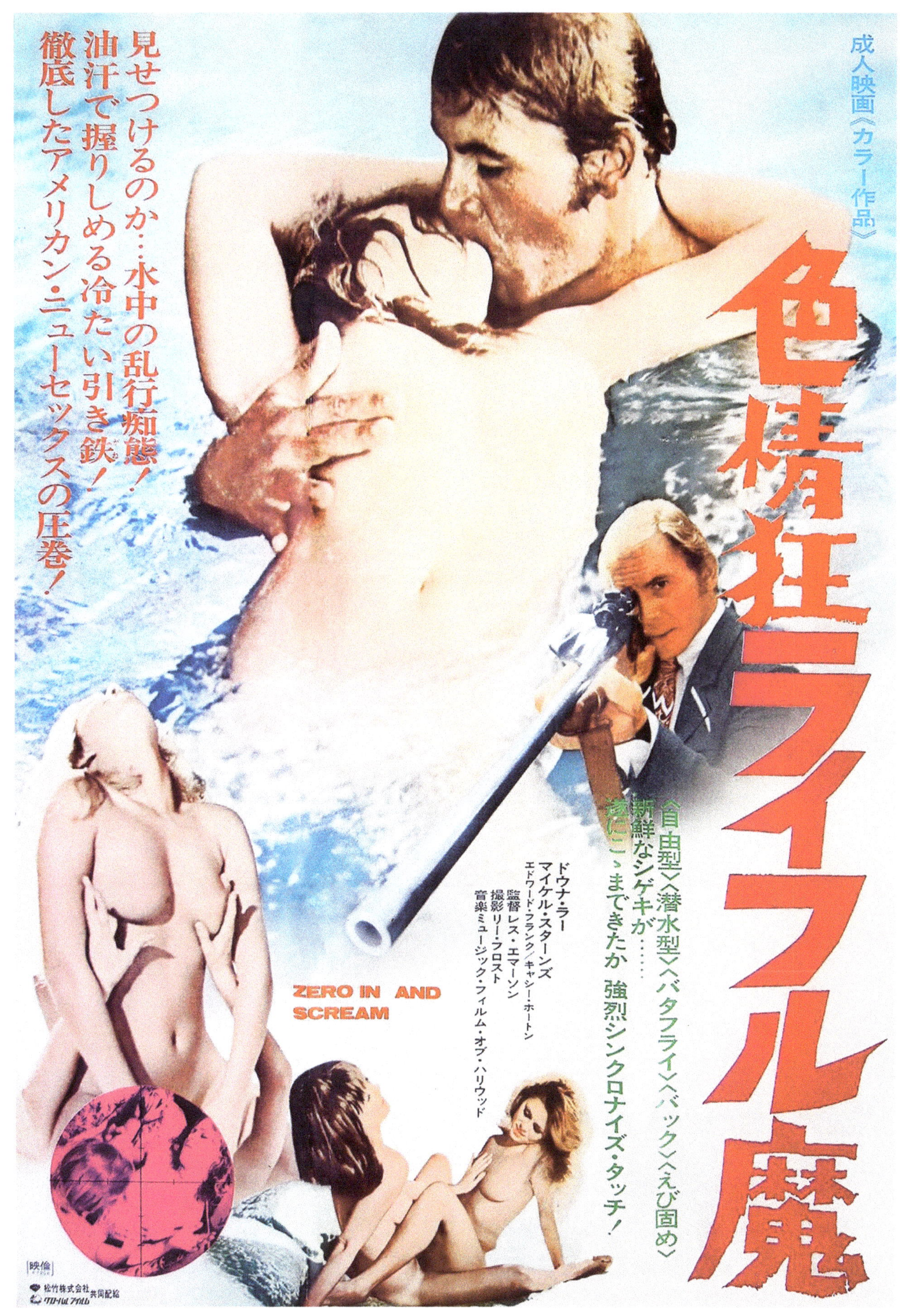
成人映画《カラー作品》

色情狂ライフル魔

見せつけるのか‥水中の乱行痴態！
油汗で握りしめる冷たい引き鉄！
徹底したアメリカン・ニューセックスの圧巻！

〈自由型〉〈潜水型〉〈バタフライ〉〈バック〉〈えび固め〉
新鮮なシゲキが……
遂にこゝまできたか　強烈シンクロナイズ・タッチ！

ドウナ・ラー
マイケル・スターンズ
エドワード・フランク／キャシー・ホートン
監督 レス・エマーソン
撮影 リー・フロスト
音楽 ミュージック・フィルム・オブ・ハリウッド

ZERO IN AND
SCREAM

映倫

松竹株式会社 共同配給
グローバル フィルム

ZERO IN AND SCREAM
(USA, 1971)

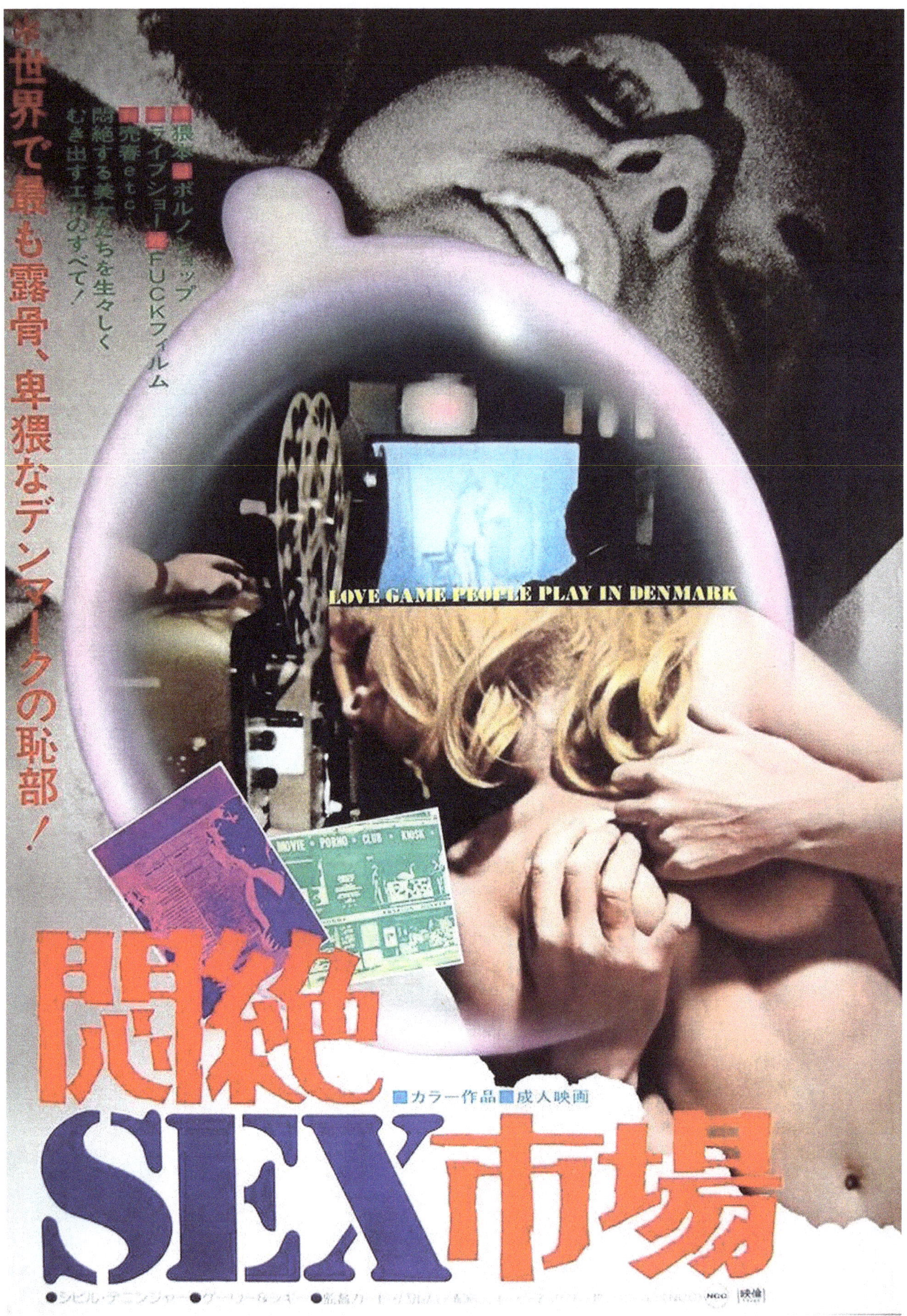
世界で最も露骨、卑猥なデンマークの恥部！
猥本●ポルノ・ショップ
ライブショー●FUCKフィルム
売春etc.
悶絶する美女たちを生々しく
むき出すエロのすべて！
LOVE GAME PEOPLE PLAY IN DENMARK
MOVIE・PORNO・CLUB・KIOSK
悶絶
SEX市場
■カラー作品■成人映画
NCC 映倫

LIEBESMARKT IN DÄNEMARK
(Germany, 1971)

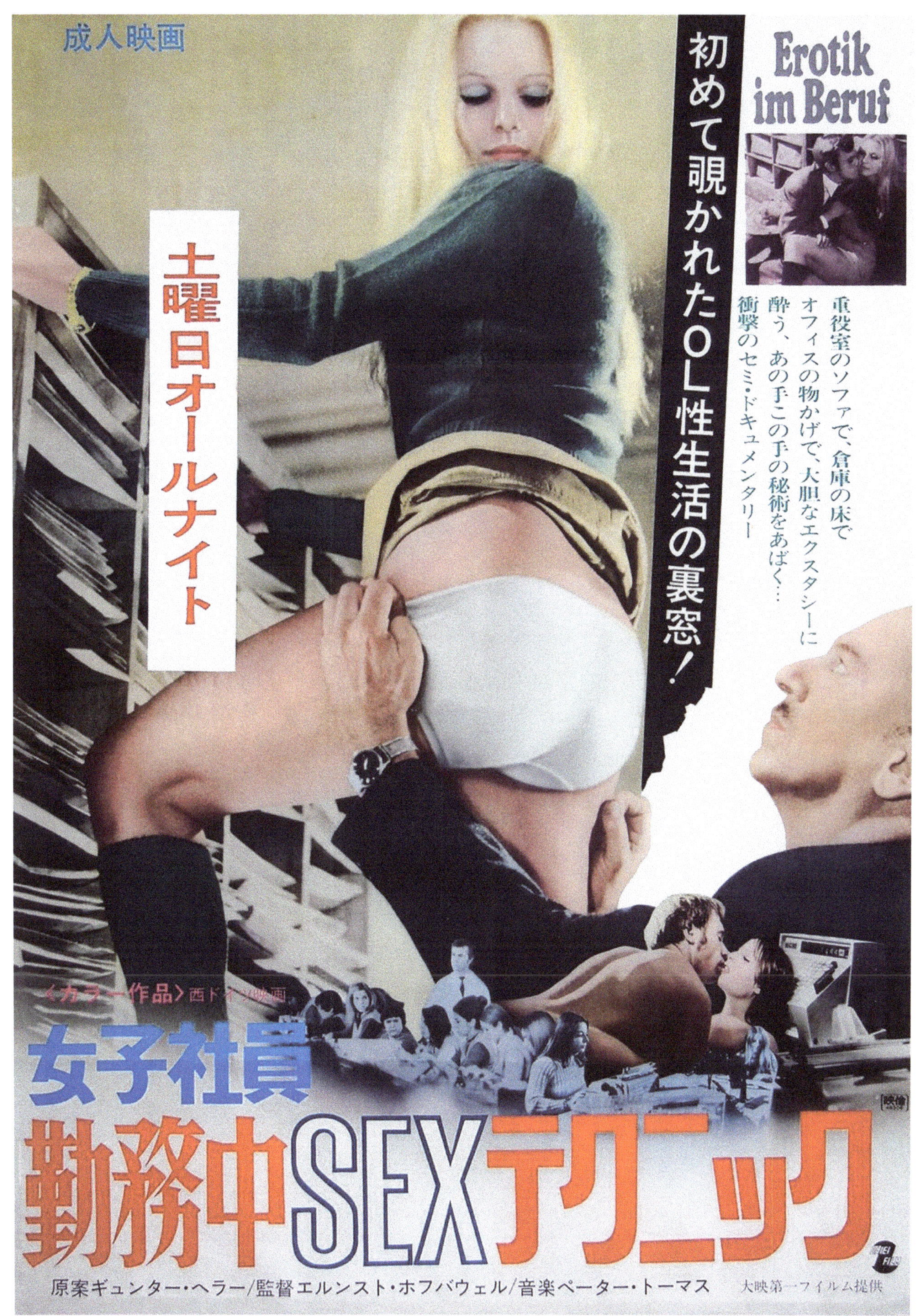
成人映画
Erotik
im Beruf
土曜日オールナイト
初めて覗かれたOL性生活の裏窓！
重役室のソファで、倉庫の床で
オフィスの物かげで、大胆なエクスタシーに
酔う、あの手この手の秘術をあばく…
衝撃のセミ・ドキュメンタリー
〈カラー作品〉西ドイツ映画
女子社員
勤務中SEXテクニック
原案ギュンター・ヘラー／監督エルンスト・ホフバウェル／音楽ペーター・トーマス
大映第一フィルム提供

EROTIK IM BERUF
(Germany, 19?1)

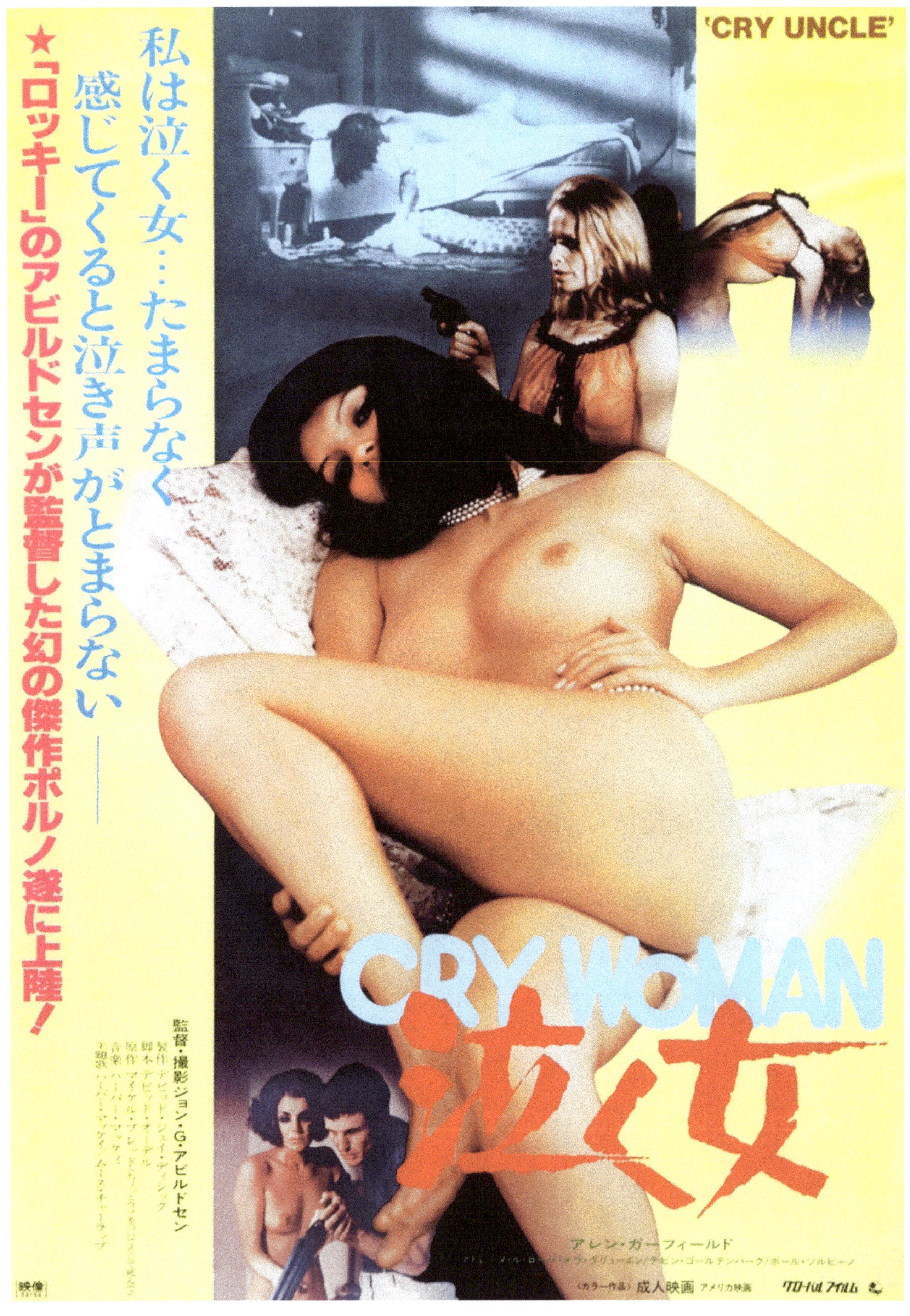
'CRY UNCLE'
私は泣く女…たまらなく
感じてくると泣き声がとまらない
★「ロッキー」のアビルドセンが監督した幻の傑作ポルノ遂に上陸！
CRY WOMAN
泣く女
アレン・ガーフィールド
（カラー作品）成人映画 アメリカ映画

CRY UNCLE
(USA, 1971)

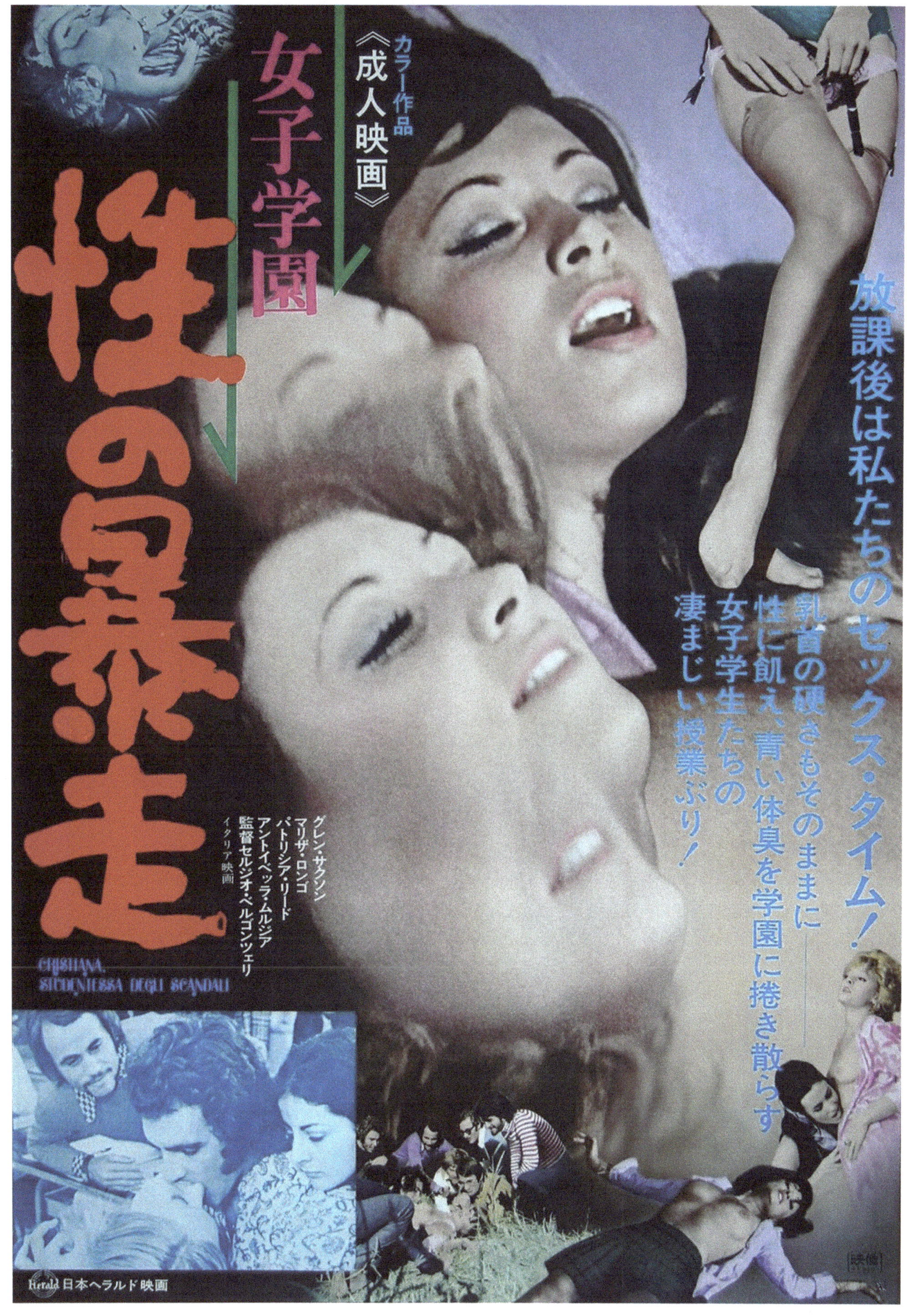
カラー作品
《成人映画》
女子学園
性の暴走
CRISTIANA,
STUDENTESSA DEGLI SCANDALI
グレン・サクソン
マリザ・ロンゴ
パトリシア・リード
アントイベッラムルジア
監督セルジオ・ベルゴンツェリ
イタリア映画
放課後は私たちのセックス・タイム！
乳首の硬さもそのままに
性に飢え、青い体臭を学園に捲き散らす
女子学生たちの
凄まじい授業ぶり！
Herald 日本ヘラルド映画

IO CRISTIANA STUDENTESSA DEGLI SCANDALI

(Italy, 1971)

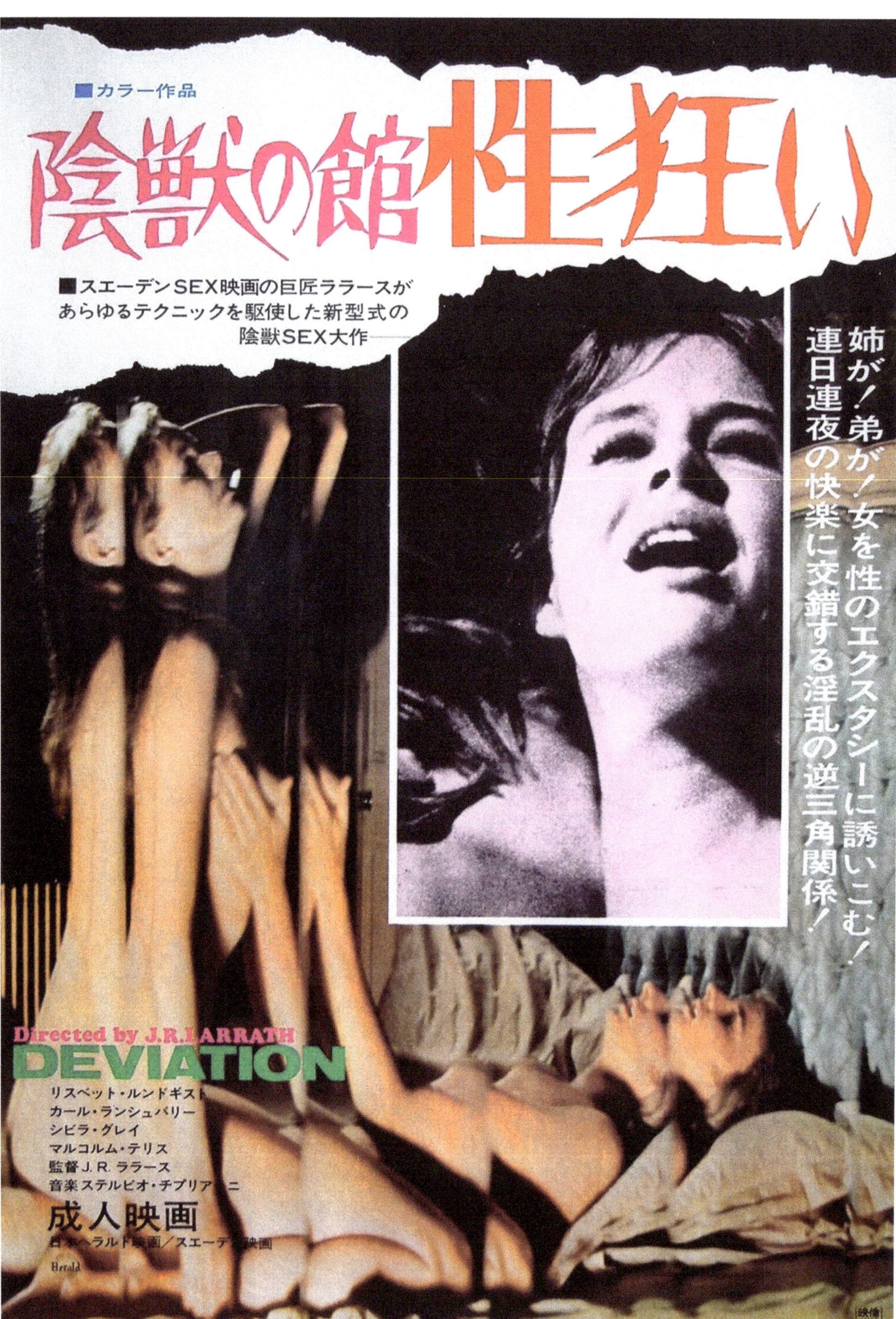

■カラー作品
陰獣の館 性狂い
■スエーデンSEX映画の巨匠ララースが
あらゆるテクニックを駆使した新型式の
陰獣SEX大作——
姉が！弟が！女を性のエクスタシーに誘いこむ！
連日連夜の快楽に交錯する淫乱の逆三角関係！
Directed by J.R.LARRATH
DEVIATION
リスベット・ルンドギスト
カール・ランシュバリー
シビラ・グレイ
マルコルム・テリス
監督 J.R. ララース
音楽 ステルビオ・チプリアーニ
成人映画
日本ヘラルド映画／スエーデン映画
Herald

DEVIATION
(UK/Spain, 1971)

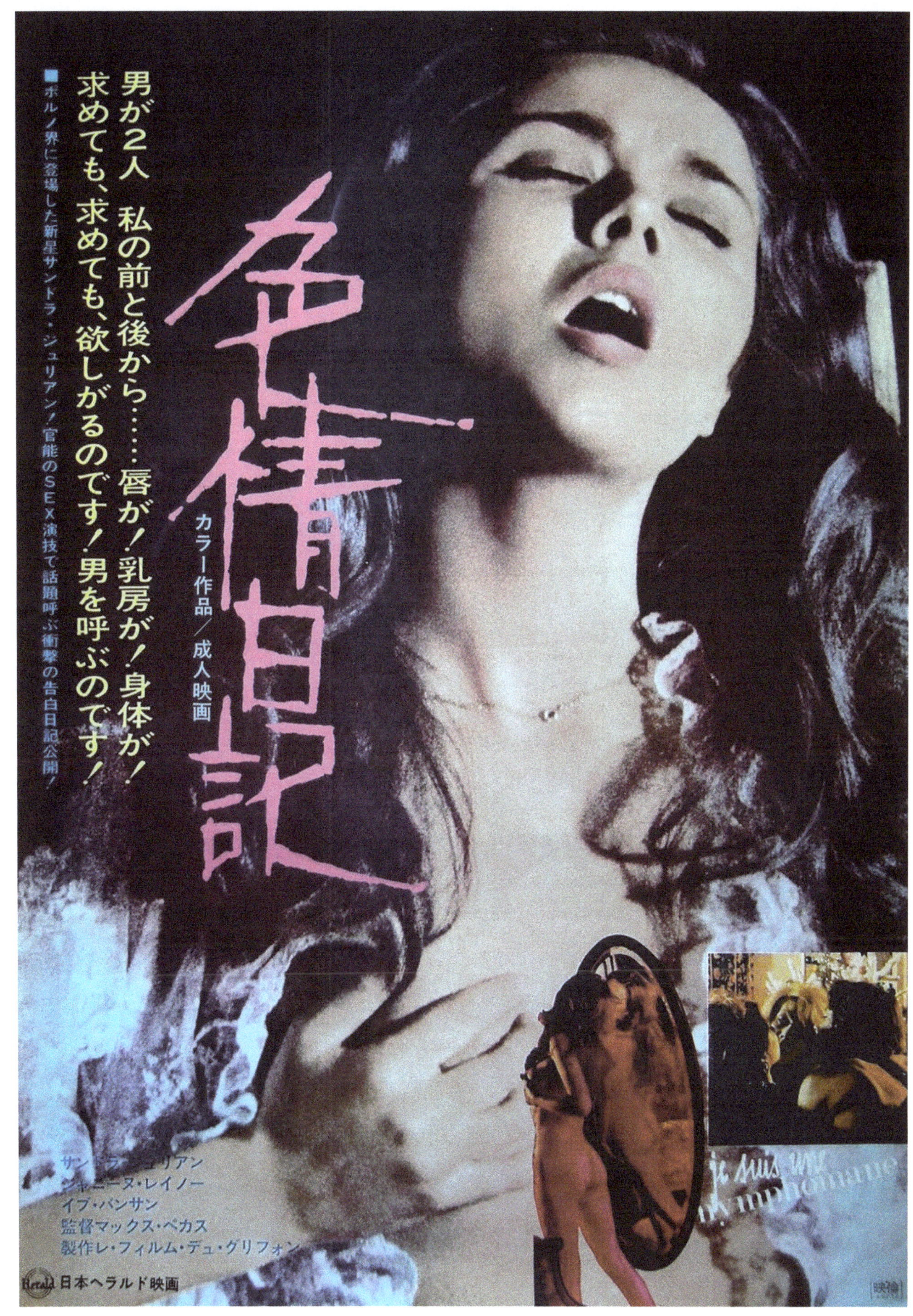
男が２人　私の前と後から……唇が！乳房が！身体が！求めても、求めても、欲しがるのです！男を呼ぶのです！
■ポルノ界に登場した新星サンドラ・ジュリアン！官能のＳＥＸ演技で話題呼ぶ衝撃の告白日記公開！
色情日記
カラー作品／成人映画
サンドラ・ジュリアン
ジャニーヌ・レイノー
イブ・バンサン
監督マックス・ペカス
製作レ・フィルム・デュ・グリフォン
日本ヘラルド映画
je suis une nymphomane

JE SUIS UNE NYMPHOMANE
(France, 1971)

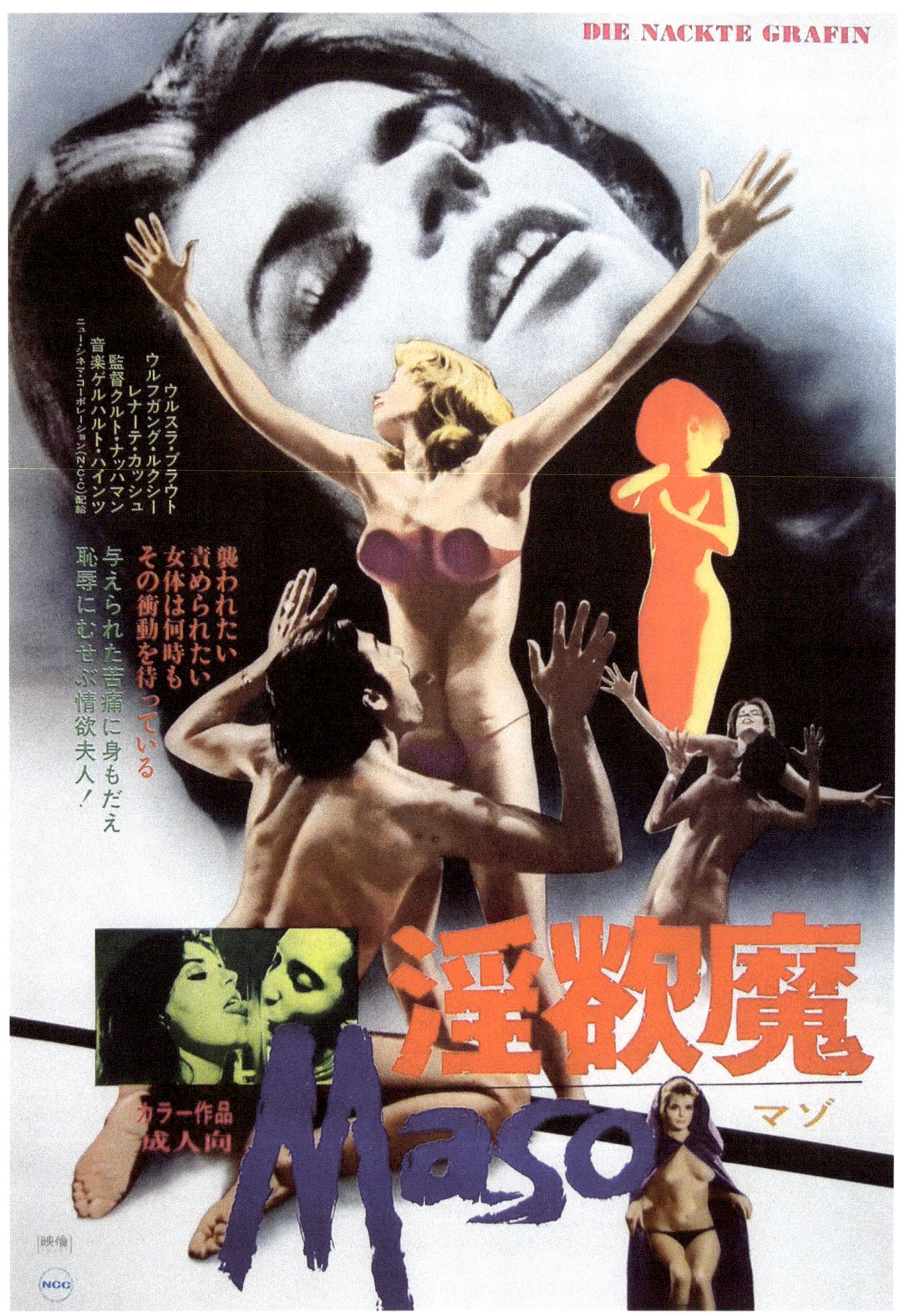
DIE NACKTE GRAFIN
ウルスラ・ブラウト
ウルフガング・ルクシー
レナーテ・カッシュ
監督クルト・ナッハマン
音楽ゲルハルト・ハインツ
ニュー・シネマ・コーポレーション(N.C.C)配給
襲われたい
責められたい
女体は何時も
その衝動を待っている
与えられた苦痛に身もだえ
恥辱にむせぶ情欲夫人！
淫欲魔
マゾ
Maso
カラー作品
成人向
映倫
NCC

DIE NACKTE GRÄFIN

(Germany, 1971)

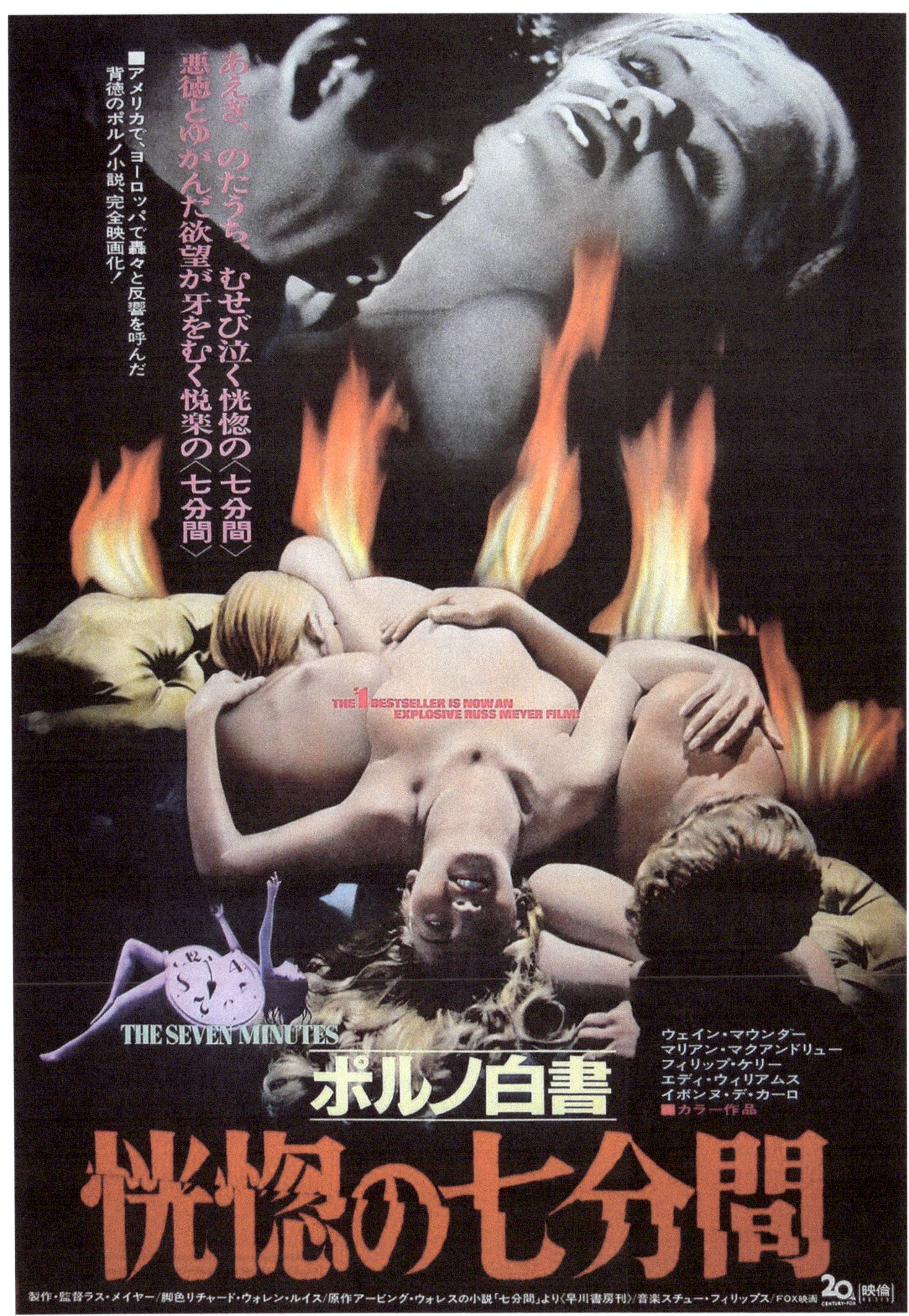
あえぎ、のたうち、むせび泣く恍惚の〈七分間〉
悪徳とゆがんだ欲望が牙をむく悦楽の〈七分間〉
■アメリカで、ヨーロッパで轟々と反響を呼んだ
背徳のポルノ小説、完全映画化！
THE 1 BESTSELLER IS NOW AN
EXPLOSIVE RUSS MEYER FILM!
THE SEVEN MINUTES
ポルノ白書
恍惚の七分間
ウェイン・マウンダー
マリアン・マクアンドリュー
フィリップ・ケリー
エディ・ウィリアムス
イボンヌ・デ・カーロ
■カラー作品
製作・監督ラス・メイヤー／脚色リチャード・ウォレン・ルイス／原作アービング・ウォレスの小説「七分間」より〈早川書房刊〉／音楽スチュー・フィリップス／FOX映画
20
CENTURY-FOX
[映倫]

THE SEVEN MINUTES
(USA, 1971)

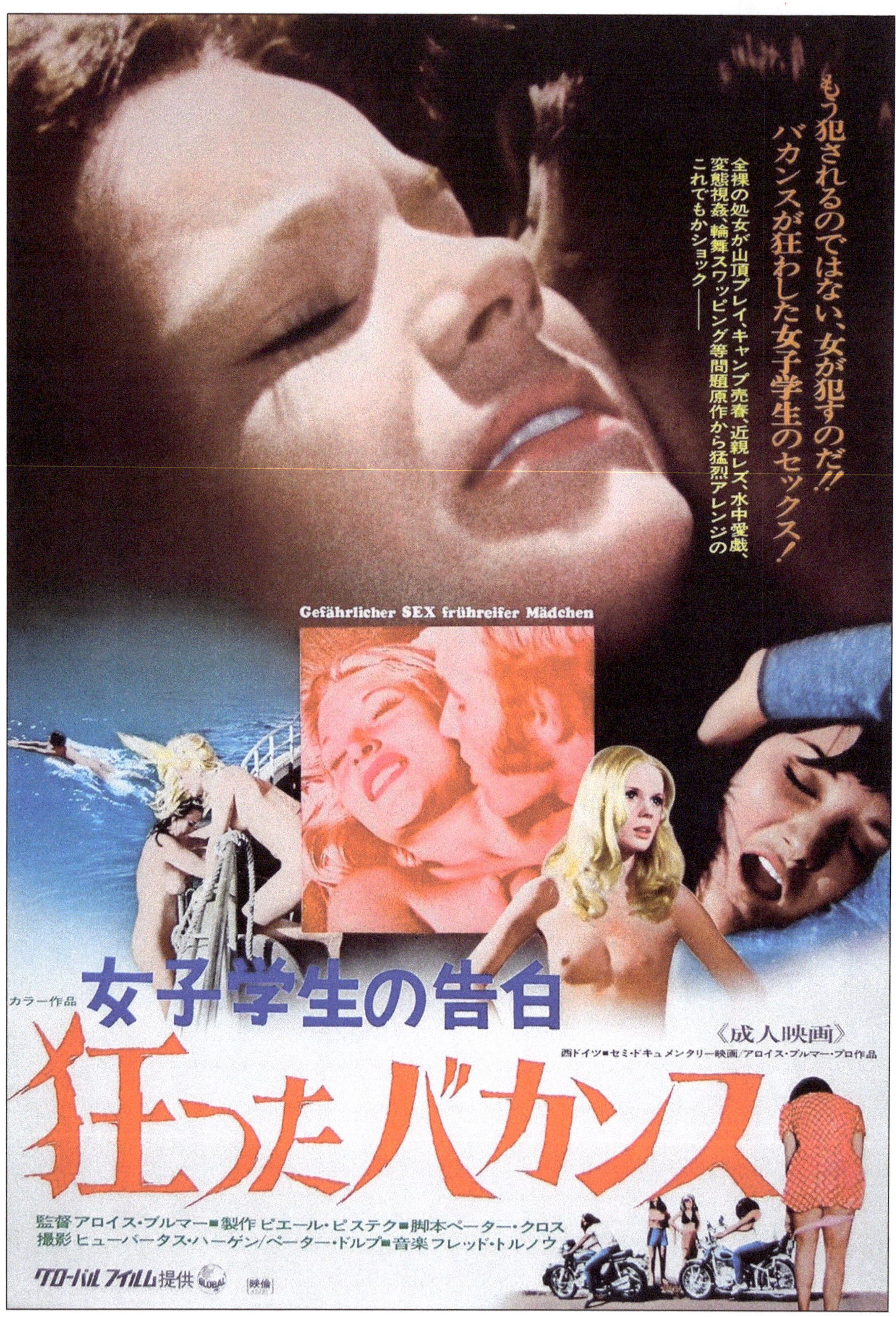

もう犯されるのではない、女が犯すのだ!!
バカンスが狂わした女子学生のセックス!
全裸の処女が山頂プレイ、キャンプ売春、近親レズ、水中愛戯、
変態視姦、輪舞スワッピング等問題原作から猛烈アレンジの
これでもかショック—
Gefährlicher SEX frühreifer Mädchen
カラー作品
女子学生の告白
《成人映画》
西ドイツ■セミ・ドキュメンタリー映画/アロイス・ブルマー・プロ作品
狂ったバカンス
監督 アロイス・ブルマー■製作 ピエール・ピステク■脚本 ペーター・クロス
撮影 ヒューバータス・ハーゲン/ペーター・ドルプ■音楽 フレッド・トルノウ
グローバル フイルム 提供
映倫

GEFÄHRLICHER SEX FRÜHREIFER MÄDCHEN
(Germany, 1972)

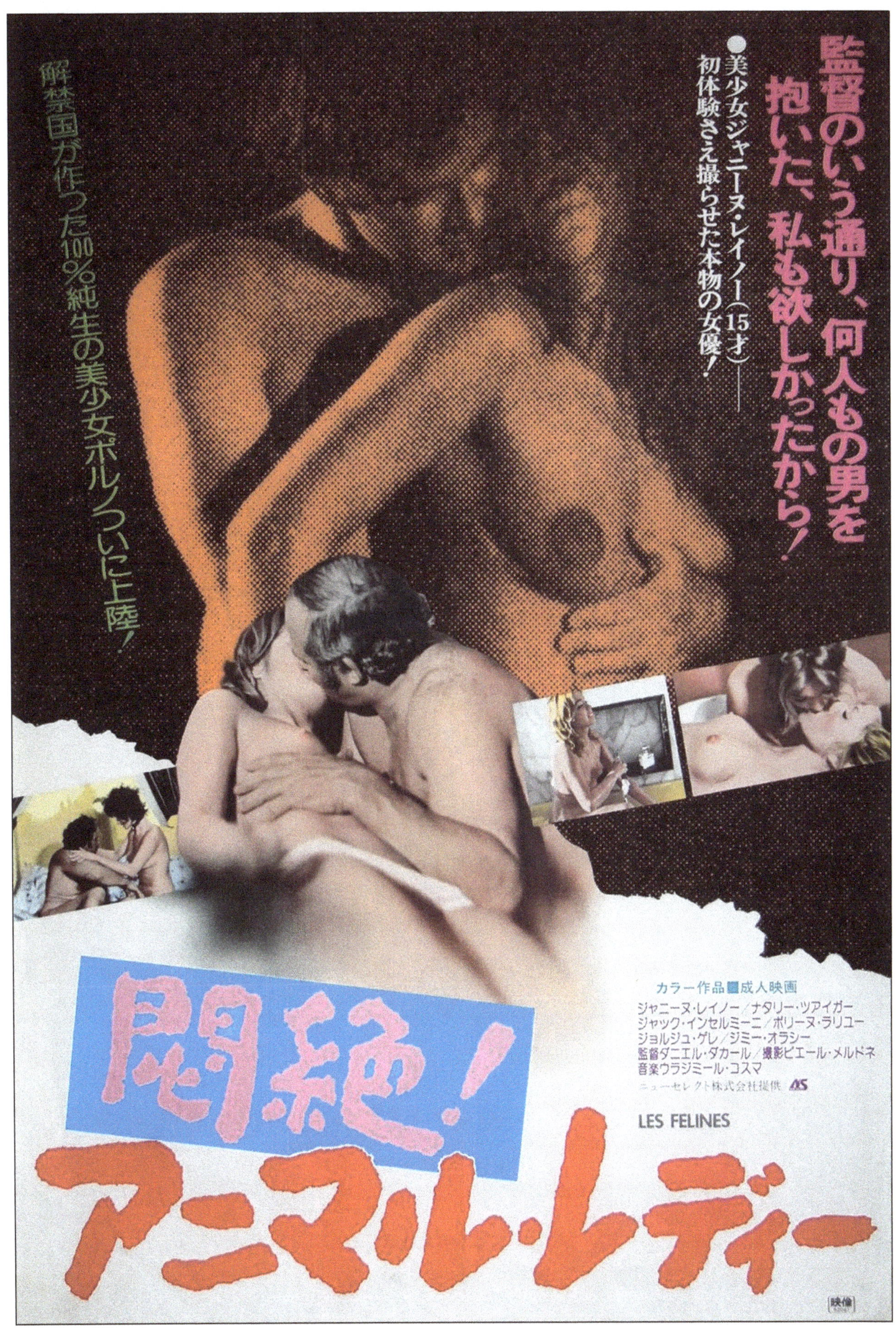
解禁国が作った100％純生の美少女ポルノついに上陸！

監督のいう通り、何人もの男を抱いた、私も欲しかったから！
●美少女ジャニーヌ・レイノー（15才）——
初体験さえ撮らせた本物の女優！

悶絶！
アニマル・レディー

カラー作品●成人映画
ジャニーヌ・レイノー／ナタリー・ツアイガー
ジャック・インセルミーニ／ポリーヌ・ラリユー
ジョルジュ・ゲレ／ジミー・オラシー
監督ダニエル・ダカール／撮影ピエール・メルドネ
音楽ウラジミール・コスマ
ニューセレクト株式会社提供

LES FELINES

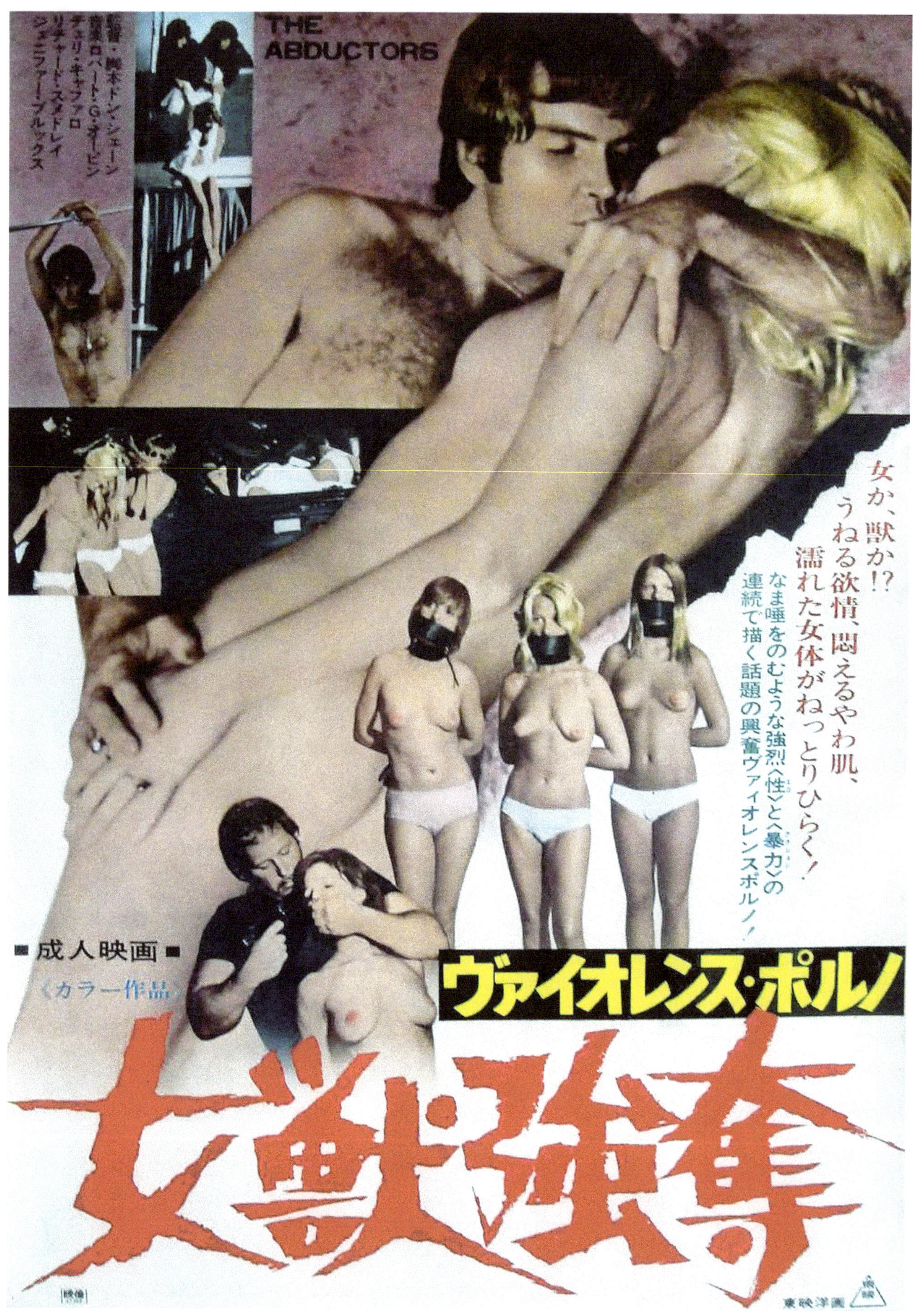
THE
ABDUCTORS
成人映画
《カラー作品》
ヴァイオレンス・ポルノ
女獣強奪
女か、獣か!?
うねる欲情、悶えるやわ肌、
濡れた女体がねっとりひらく！
なま唾をのむような強烈〈性〉と〈暴力〉の
連続で描く話題の興奮ヴァイオレンスポルノ！
東映洋画

THE ABDUCTORS
(USA, 1972)

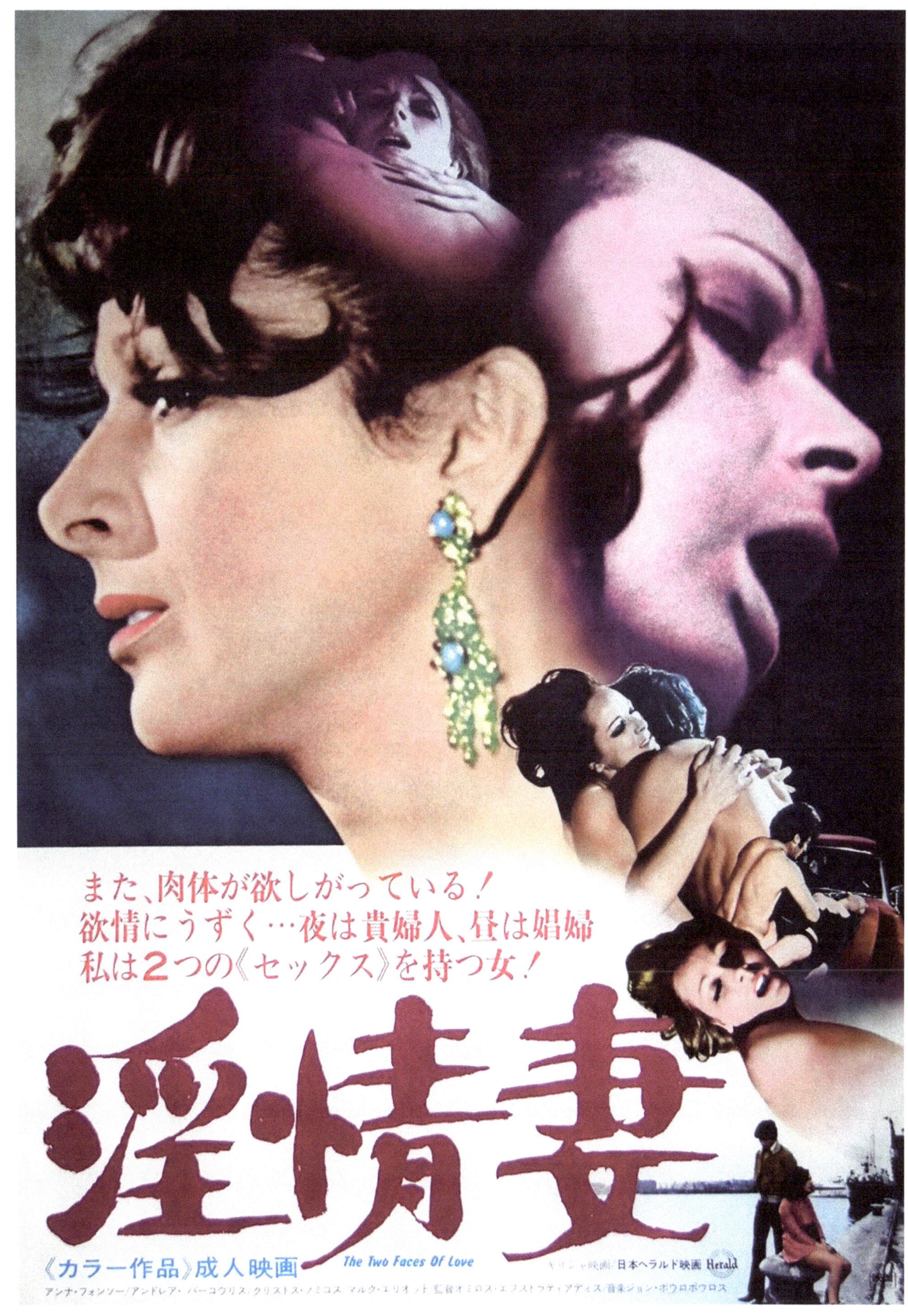
《カラー作品》成人映画
また、肉体が欲しがっている！
欲情にうずく…夜は貴婦人、昼は娼婦
私は２つの《セックス》を持つ女！
淫情妻
The Two Faces Of Love
アンナ・フォンソー／アンドレア・バーコウリス／クリストス・ノミコス　マルク・エリオット　監督オミロス・エフストラティアディス　音楽ジョン・ホウロポウロス

PIO THERMI KAI APTON ILIO
(Greece, 1972)

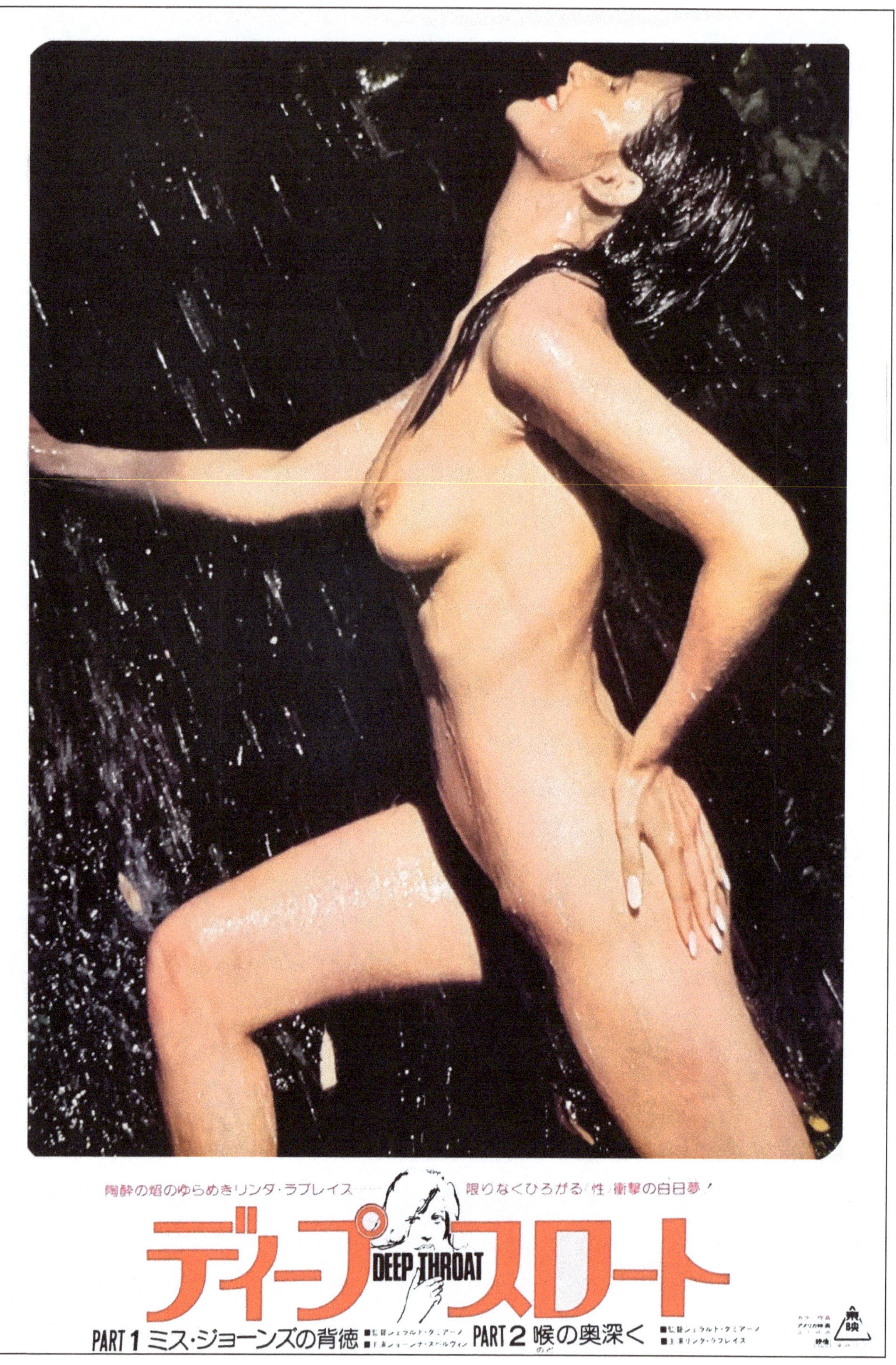

陶酔の焔のゆらめきリンダ・ラブレイス…… 限りなくひろがる〈性〉衝撃の白日夢！
ディープ スロート
DEEP THROAT
PART 1 ミス・ジョーンズの背徳
PART 2 喉の奥深く

DEEP THROAT/DEEP THROAT II

(USA, 1972, 1974)

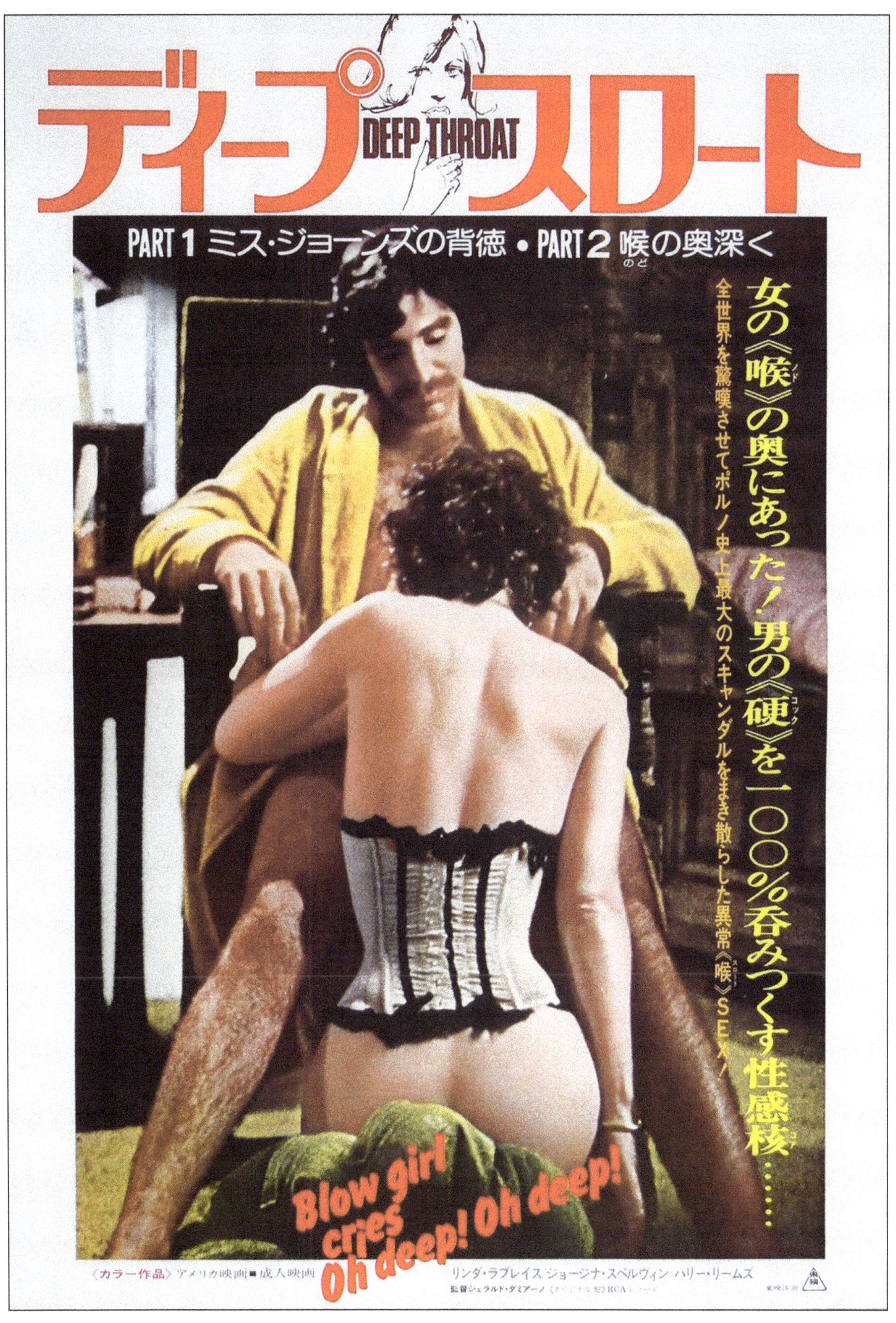

ディープ スロート
DEEP THROAT
PART 1 ミス・ジョーンズの背徳 ・ PART 2 喉の奥深く
女の《喉》の奥にあった！男の《硬》を一〇〇％呑みつくす性感核……
全世界を驚嘆させてポルノ史上最大のスキャンダルをまき散らした異常《喉》SEX！
Blow girl cries Oh deep! Oh deep!
《カラー作品》アメリカ映画■成人映画
リンダ・ラブレイス ジョージナ・スペルヴィン ハリー・リームズ
監督ジェラルド・ダミアーノ 《オリジナル題》RCA レコード
東映洋画

DEEP THROAT/DEEP THROAT II
(USA, 1972, 1974)

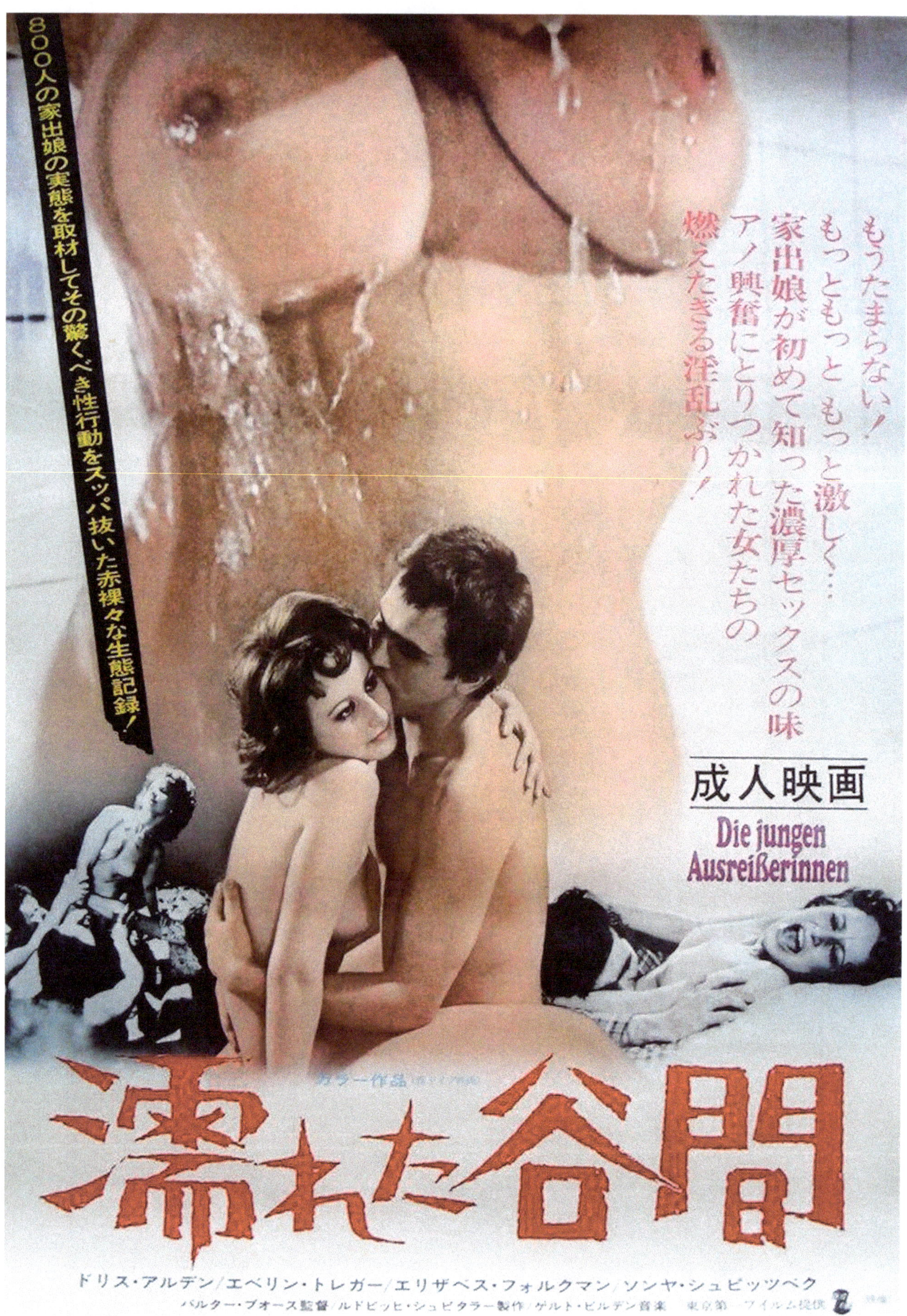

800人の家出娘の実態を取材してその驚くべき性行動をスッパ抜いた赤裸々な生態記録！
もうたまらない！
もっともっと激しく…
家出娘が初めて知った濃厚セックスの味
アノ興奮にとりつかれた女たちの
燃えたぎる淫乱ぶり！
成人映画
Die jungen
Ausreißerinnen
カラー作品
濡れた谷間
ドリス・アルデン／エベリン・トレガー／エリザベス・フォルクマン／ソンヤ・シュピッツベク
バルター・ブオース監督／ルドビッヒ・シュピタラー製作／ゲルト・ビルデン音楽　東京第一フイルム提供

DIE JUNGEN AUSREISSERINNEN
(Germany, 1972)

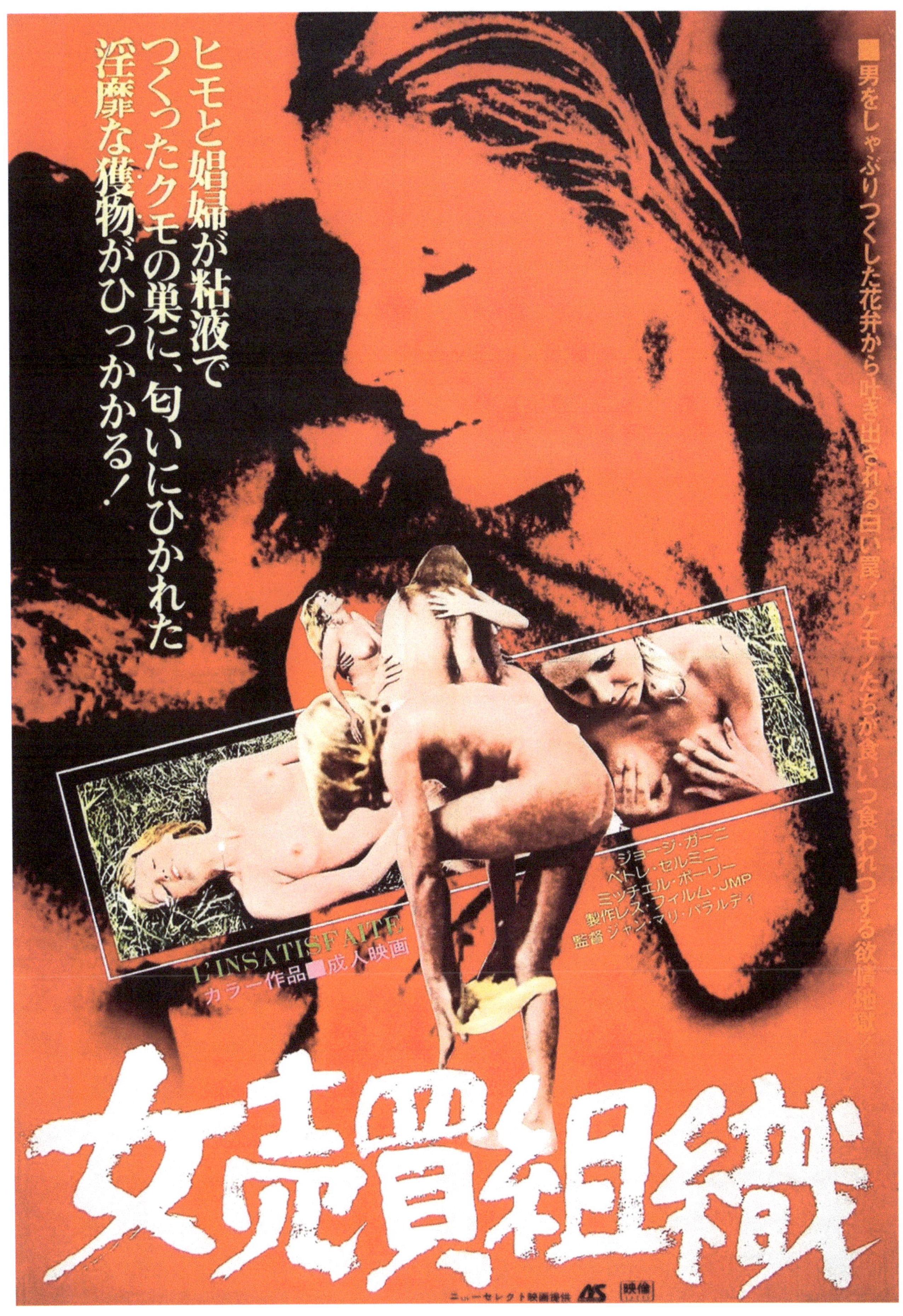
ヒモと娼婦が粘液で
つくったクモの巣に、匂いにひかれた
淫靡な獲物がひっかかる！
■男をしゃぶりつくした花弁から吐き出される白い罠／クモったら食いつ食われつする欲情地獄！
ジョージ・ガーニ
ベトレ・セルミニ
ミッチエル・ボーリー
製作レス・フィルム・JMP
監督ジャン・マリ・バラルディ
L'INSATISFAITE
カラー作品■成人映画
ニューセレクト映画提供

女売買組織

L'INSATISFAITE
(France, 19?72

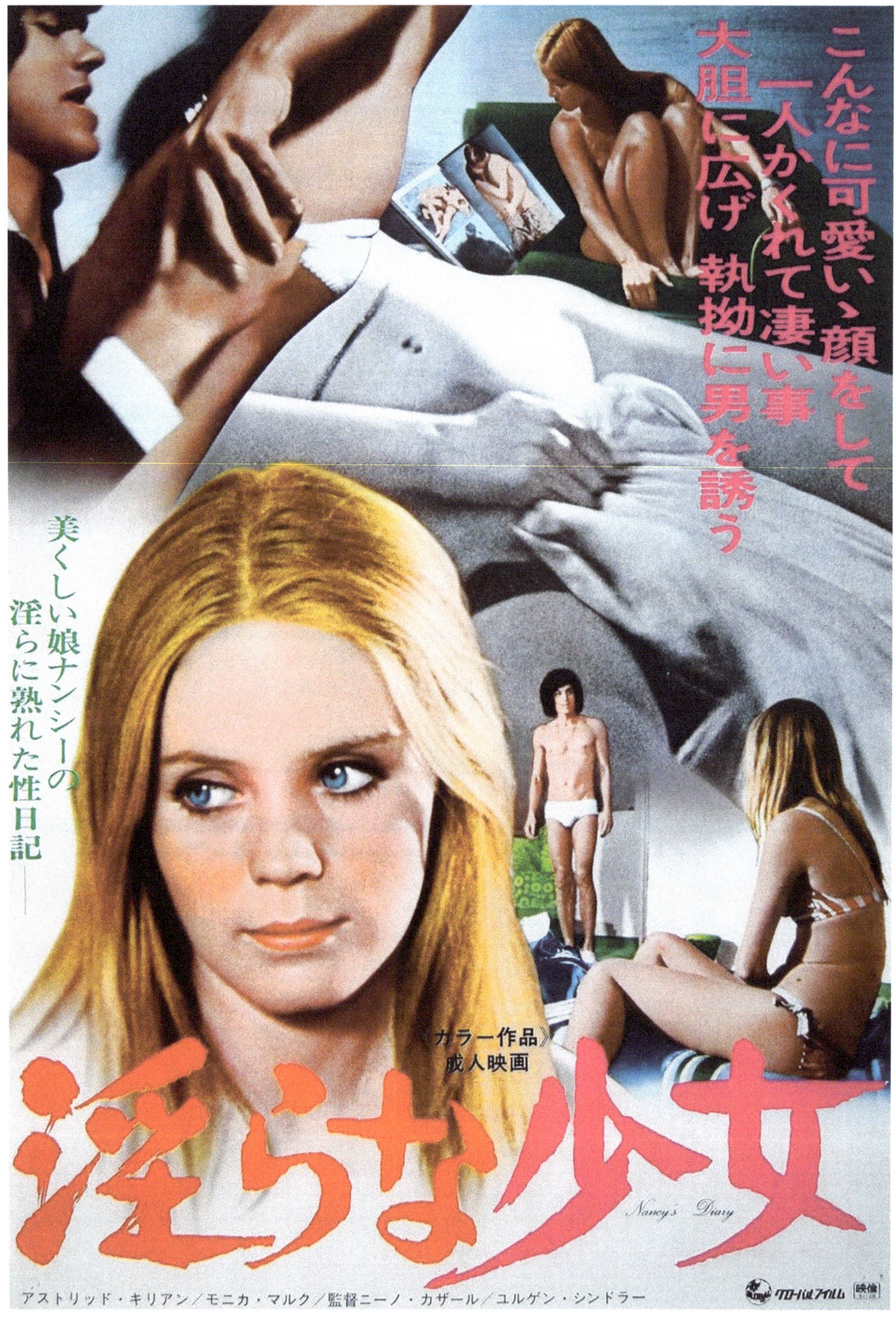

こんなに可愛い、顔をして
一人かくれて凄い事
大胆に広げ 執拗に男を誘う
美しい娘ナンシーの
淫らに熟れた性日記——
《カラー作品》
成人映画
淫らな少女
Nancy's Diary
アストリッド・キリアン／モニカ・マルク／監督ニーノ・カザール／ユルゲン・シンドラー

WILDER SEX JUNGER MÄDCHEN
(Germany, 1972)

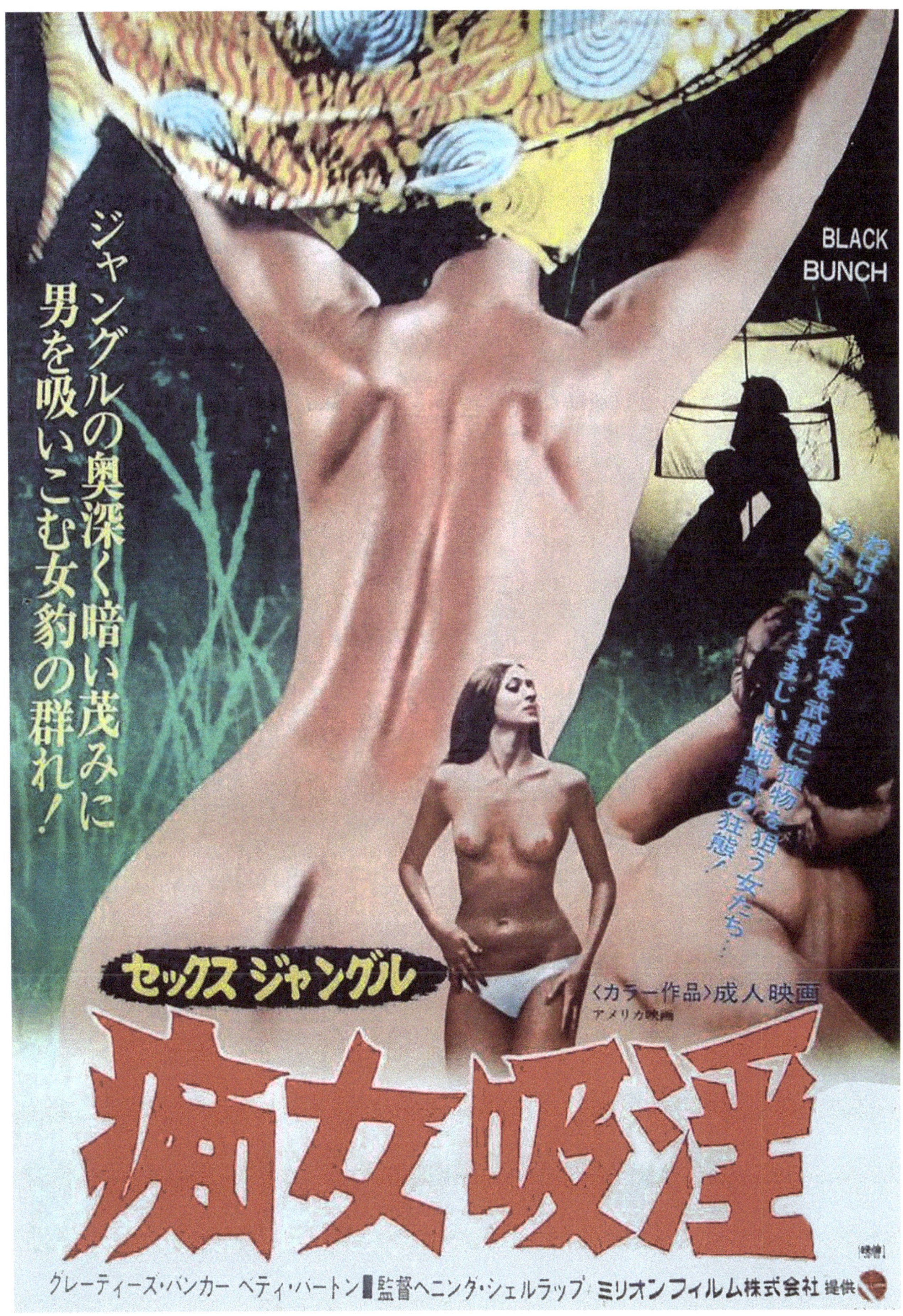
BLACK BUNCH
ジャングルの奥深く暗い茂みに男を吸いこむ女豹の群れ！
やはりつく肉体を武器に獲物を狙う女たち……あまりにもすさまじい性地獄の狂態！
セックスジャングル
痴女吸淫
〈カラー作品〉成人映画
アメリカ映画
グレーティーズ・バンカー　ベティ・バートン　監督ヘニング・シェルラップ　ミリオンフィルム株式会社 提供

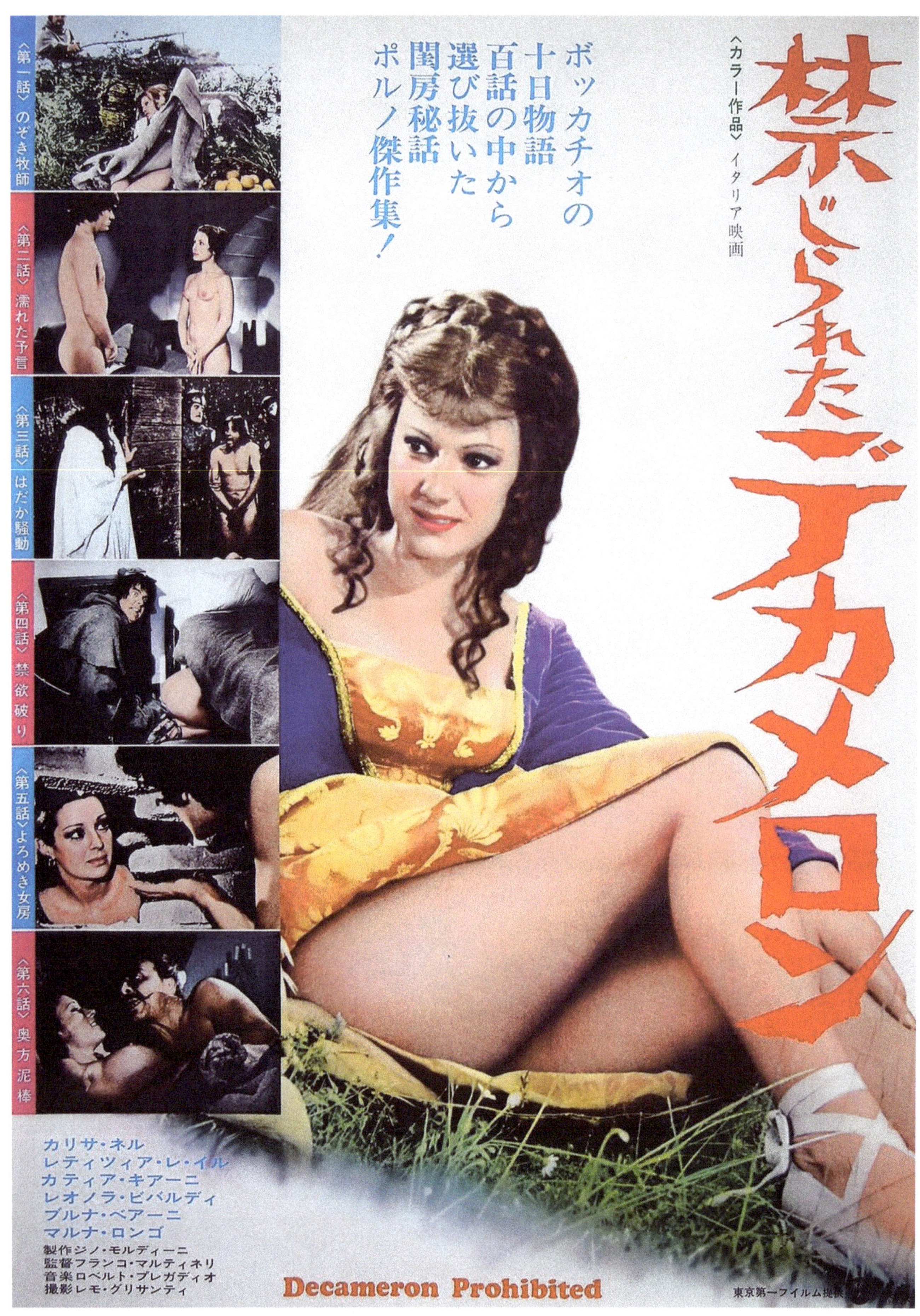

DECAMERON PROIBITISSIMO
(Italy, 1972)

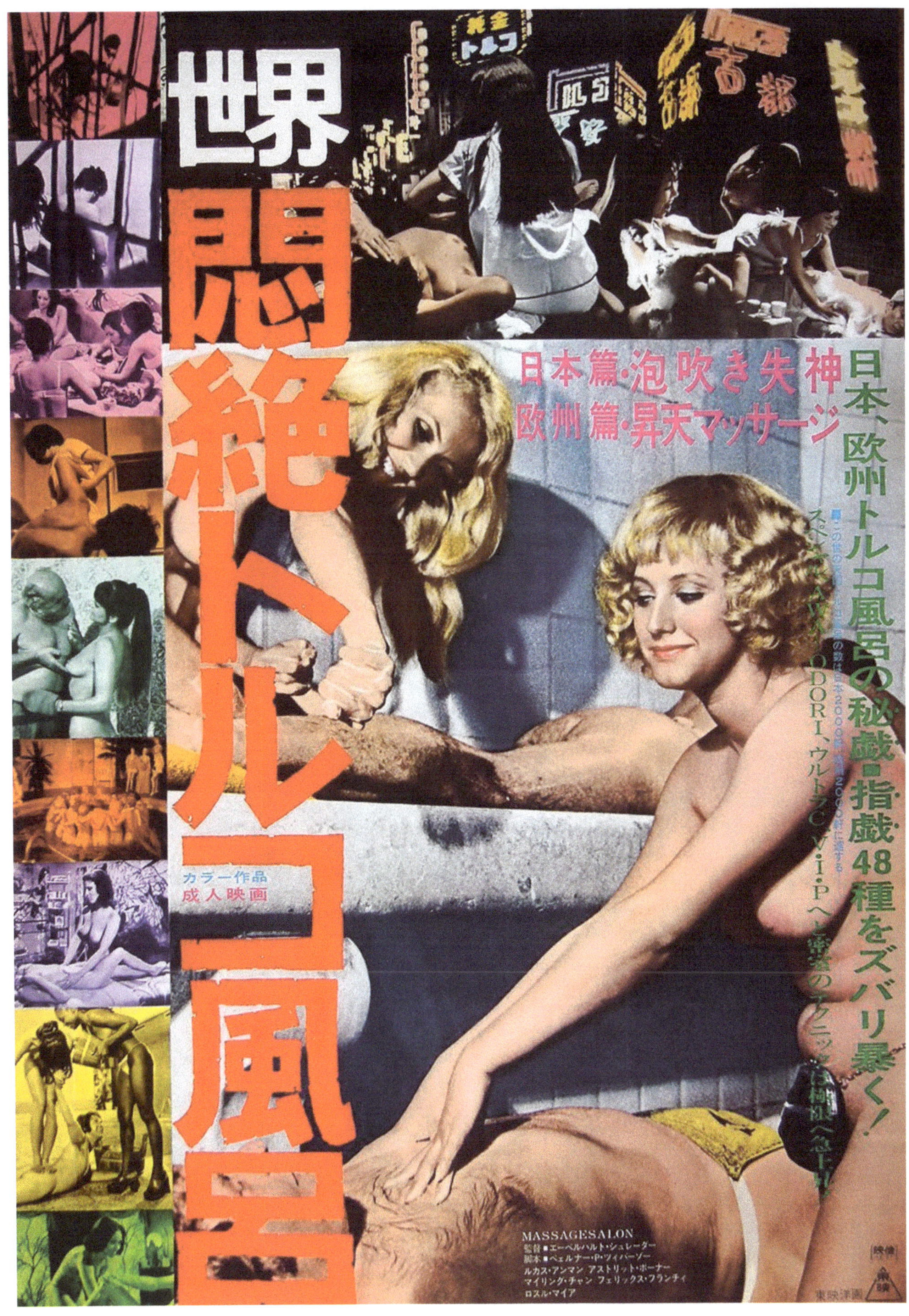

(Germany, 19?72

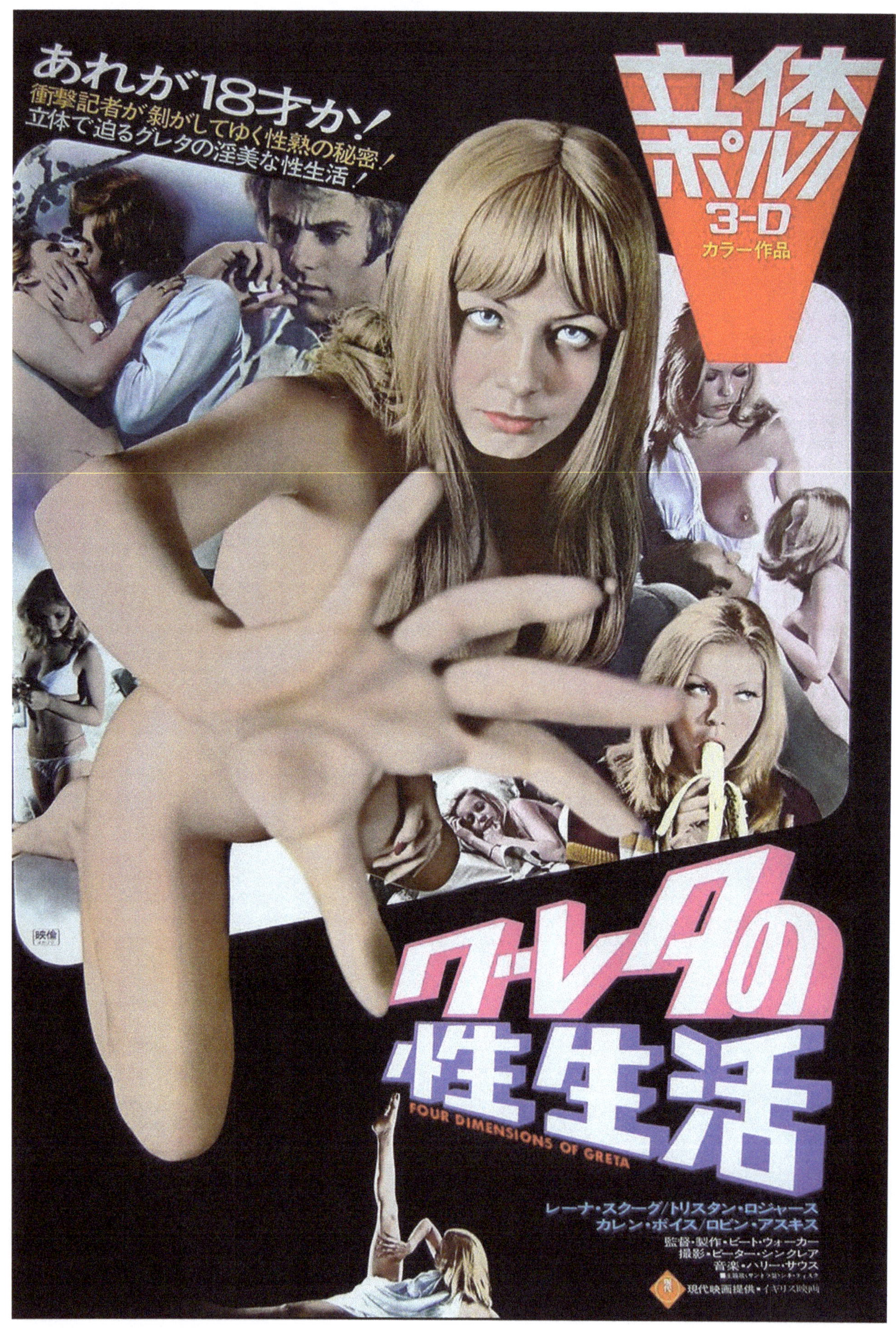
あれが18才か！
衝撃記者が剝がしてゆく性熟の秘密！
立体で迫るグレタの淫美な性生活！
立体ポルノ
3-D
カラー作品
グレタの
性生活
FOUR DIMENSIONS OF GRETA
レーナ・スクーグ/トリスタン・ロジャース
カレン・ボイス/ロビン・アスキス
監督・製作・ピート・ウォーカー
撮影・ピーター・シンクレア
音楽・ハリー・サウス
現代映画提供・イギリス映画

FOUR DIMENSIONS OF GRETA

(UK, 1972)

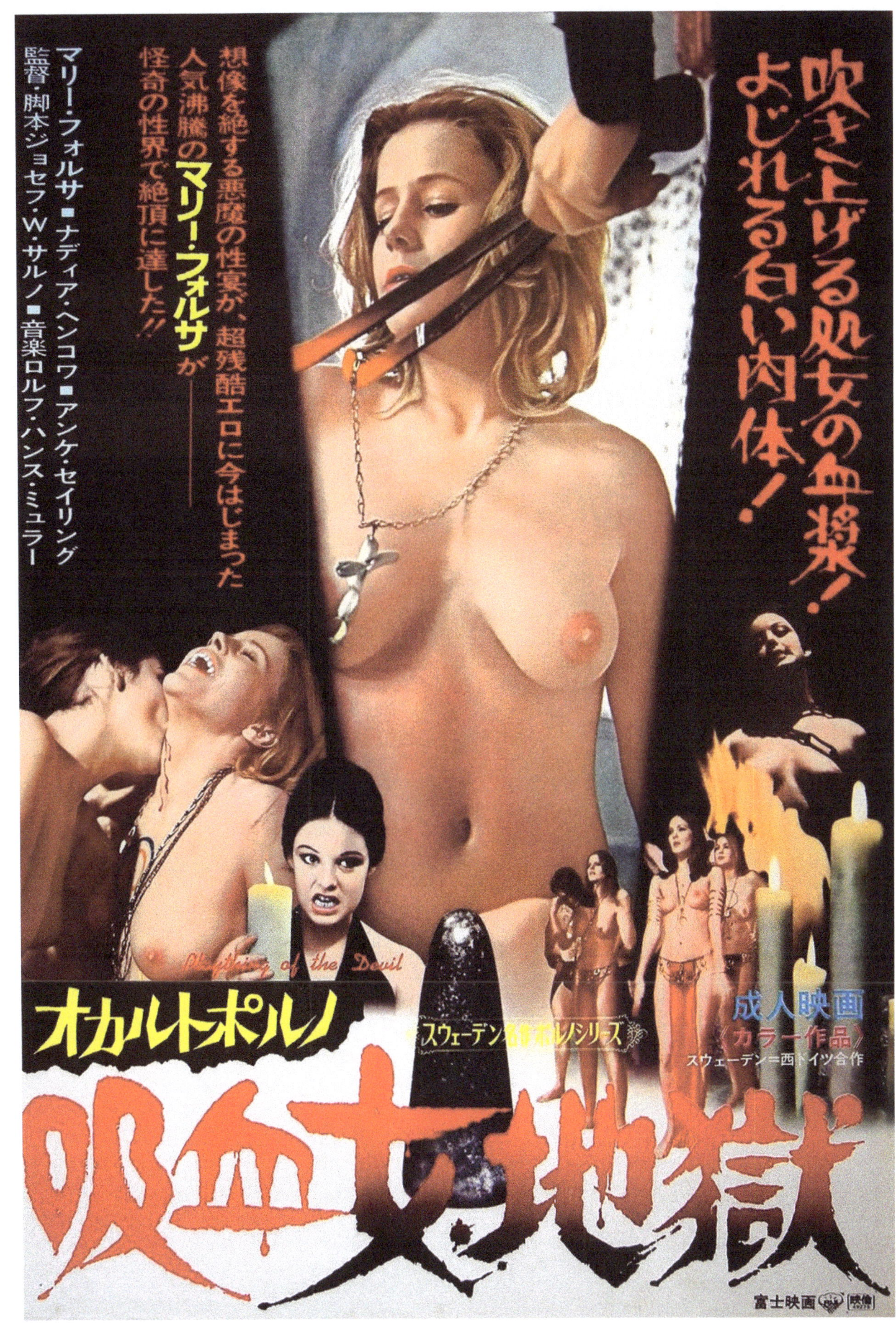
吹き上げる処女の血漿！
よじれる白い肉体！
想像を絶する悪魔の性宴が、超残酷エロに今はじまった
人気沸騰のマリー・フォルサが
怪奇の性世界で絶頂に達した!!
マリー・フォルサ■ナディア・ヘンコワ■アンケ・セイリング
監督・脚本ジョセフ・W・サルノ■音楽ロルフ・ハンス・ミュラー
オカルトポルノ
スウェーデン名作エロシリーズ
成人映画
《カラー作品》
スウェーデン＝西ドイツ合作
吸血女地獄
富士映画

DER FLUCH DER SCHWARZEN SCHWESTERN
(Germany, 1973)

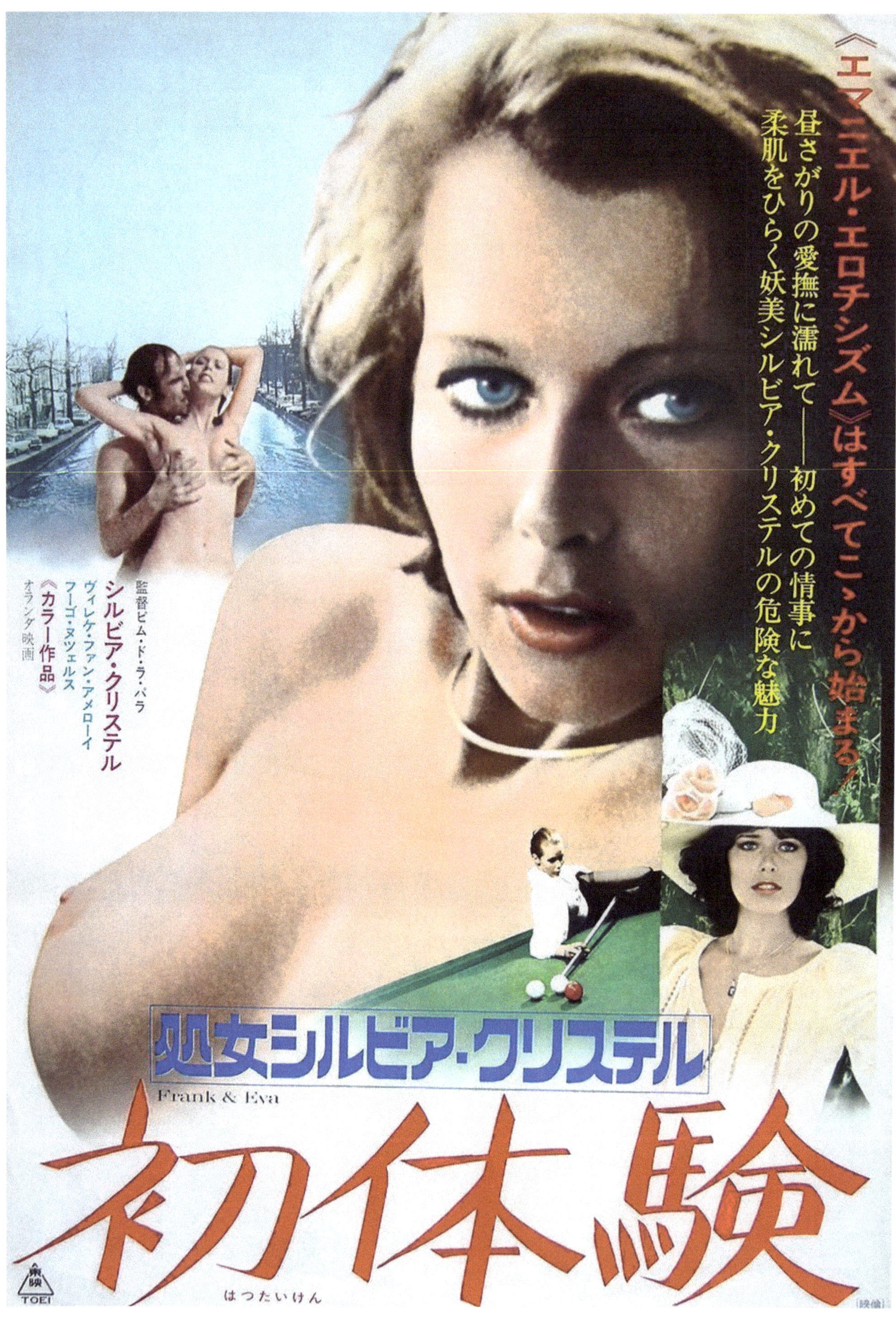
《エマニエル・エロチシズム》はすべてこゝから始まる！
昼さがりの愛撫に濡れて――初めての情事に
柔肌をひらく妖美シルビア・クリステルの危険な魅力
監督ピム・ド・ラ・パラ
シルビア・クリステル
ヴィレケ・ファン・アメローイ
フーゴ・ヌツェルス
《カラー作品》
オランダ映画
処女シルビア・クリステル
Frank & Eva
初イ体験
はついけん
東映
TOEI

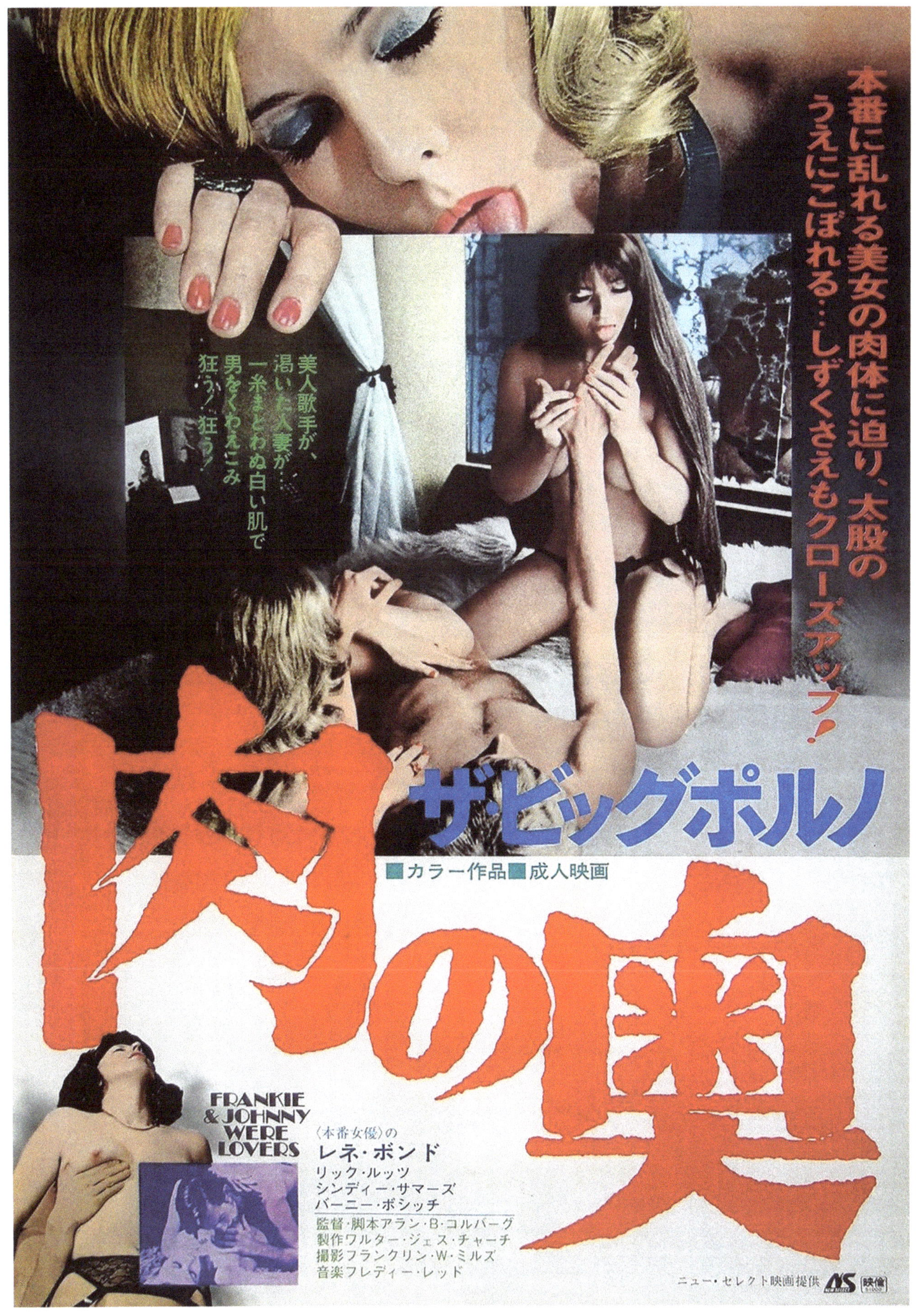

本番に乱れる美女の肉体に迫り、太股のうえにこぼれる…しずくさえもクローズアップ！
美人歌手が、渇いた人妻が…一糸まとわぬ白い肌で男をくわえこみ狂う！狂う！
ザ・ビッグポルノ
■カラー作品■成人映画
肉の奥
FRANKIE & JOHNNY WERE LOVERS
〈本番女優〉の
レネ・ボンド
リック・ルッツ
シンディー・サマーズ
バーニー・ボシッチ
監督・脚本アラン・B・コルバーグ
製作ワルター・ジェス・チャーチ
撮影フランクリン・W・ミルズ
音楽フレディー・レッド
ニュー・セレクト映画提供

FRANKIE AND JOHNNY... WERE LOVERS
(USA, 1973)

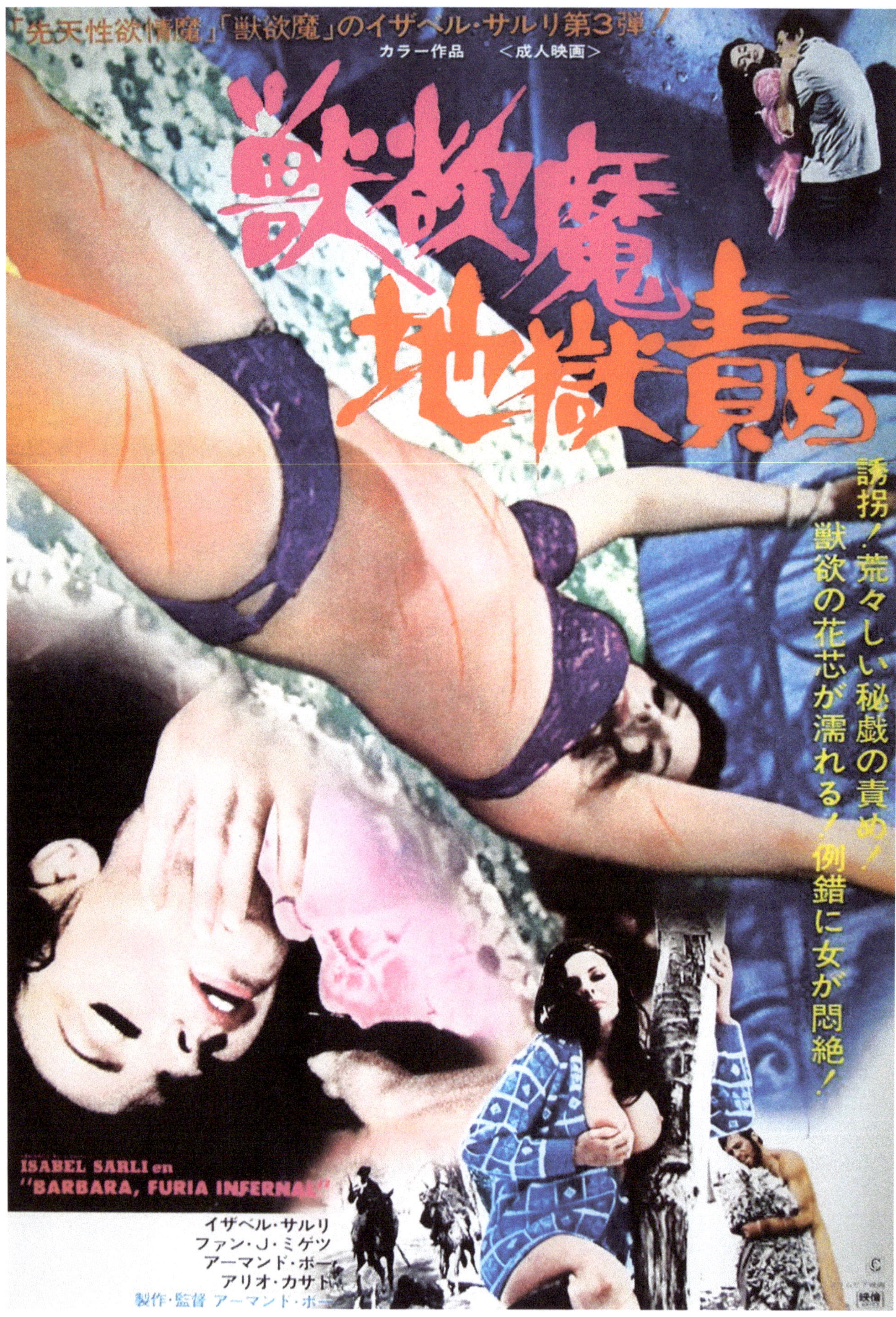

「先天性欲情魔」「獣欲魔」のイザベル・サルリ第3弾！
カラー作品　＜成人映画＞
獣欲魔
地獄責め
誘拐！荒々しい秘戯の責め！
獣欲の花芯が濡れる！
倒錯に女が悶絶！
ISABEL SARLI en
"BARBARA, FURIA INFERNAL"
イザベル・サルリ
ファン・J・ミゲツ
アーマンド・ボー
アリオ・カサト
製作・監督　アーマンド・ボー
映倫

FURIA INFERNAL

(Argentina, 1973)

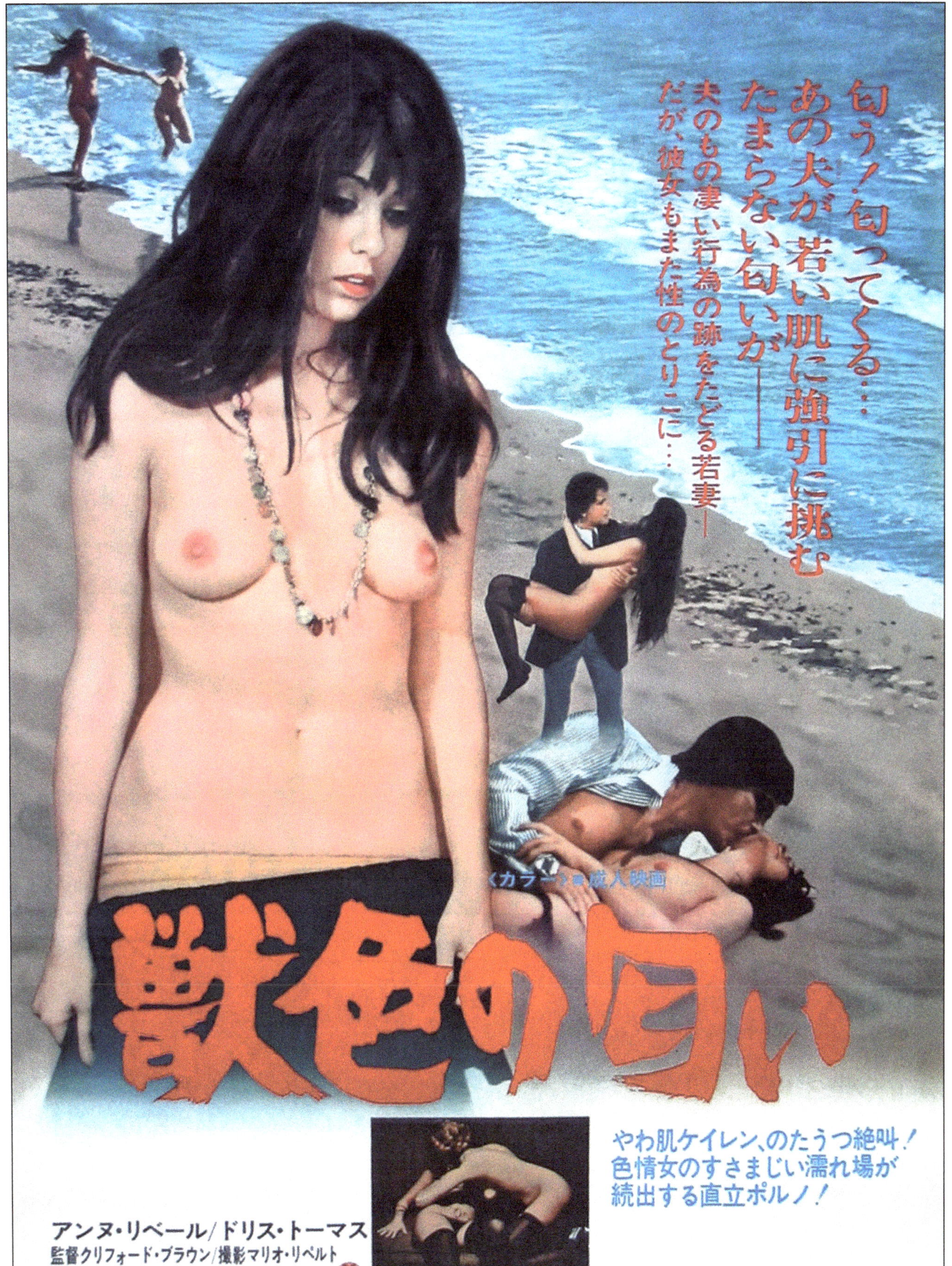

匂う！匂ってくる…
あの犬が 若い肌に強引に挑む
たまらない匂いが
夫のもの凄い行為の跡をたどる若妻──
だが、彼女もまた性のとりこに…
獣色の匂い
＜カフー＞＝成人映画
やわ肌ケイレン、のたうつ絶叫！
色情女のすさまじい濡れ場が
続出する直立ポルノ！
アンヌ・リベール／ドリス・トーマス
監督クリフォード・ブラウン／撮影マリオ・リベルト
フランス映画■ミリオンフィルム提供
Le journal intimate d'une nymphomane

JOURNAL INTIME D'UNE NYMPHOMANE

(France, 1973)

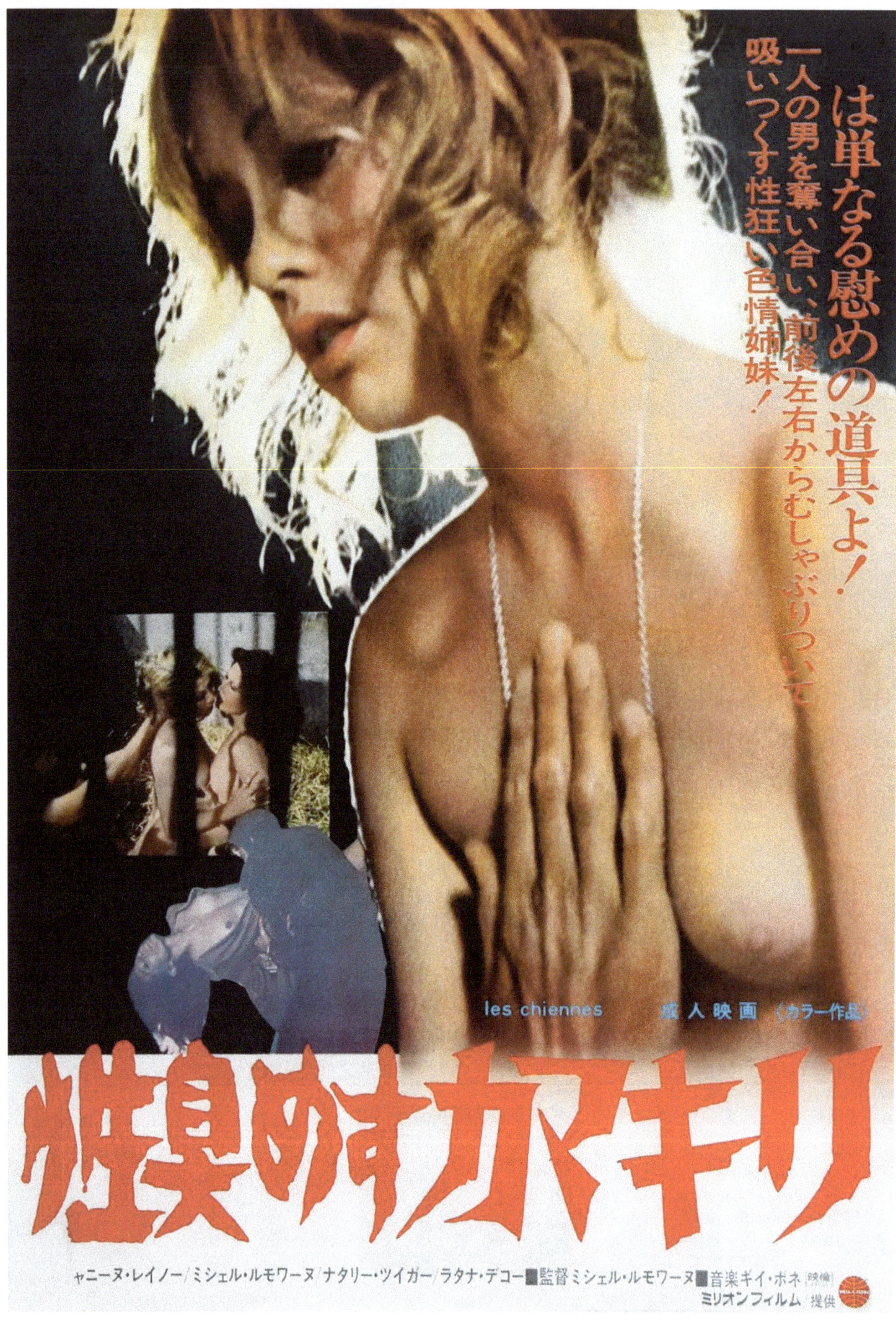

は単なる慰めの道具よ！
一人の男を奪い合い、前後左右からむしゃぶりついて
吸いつくす性狂い色情姉妹！
les chiennes
成人映画《カラー作品》
性臭のすカマキリ
ヤニーヌ・レイノー／ミシェル・ルモワーヌ／ナタリー・ツイガー／ラタナ・デコー■監督ミシェル・ルモワーヌ■音楽ギイ・ボネ
ミリオンフィルム 提供

LES CHIENNES

(France, 1973)

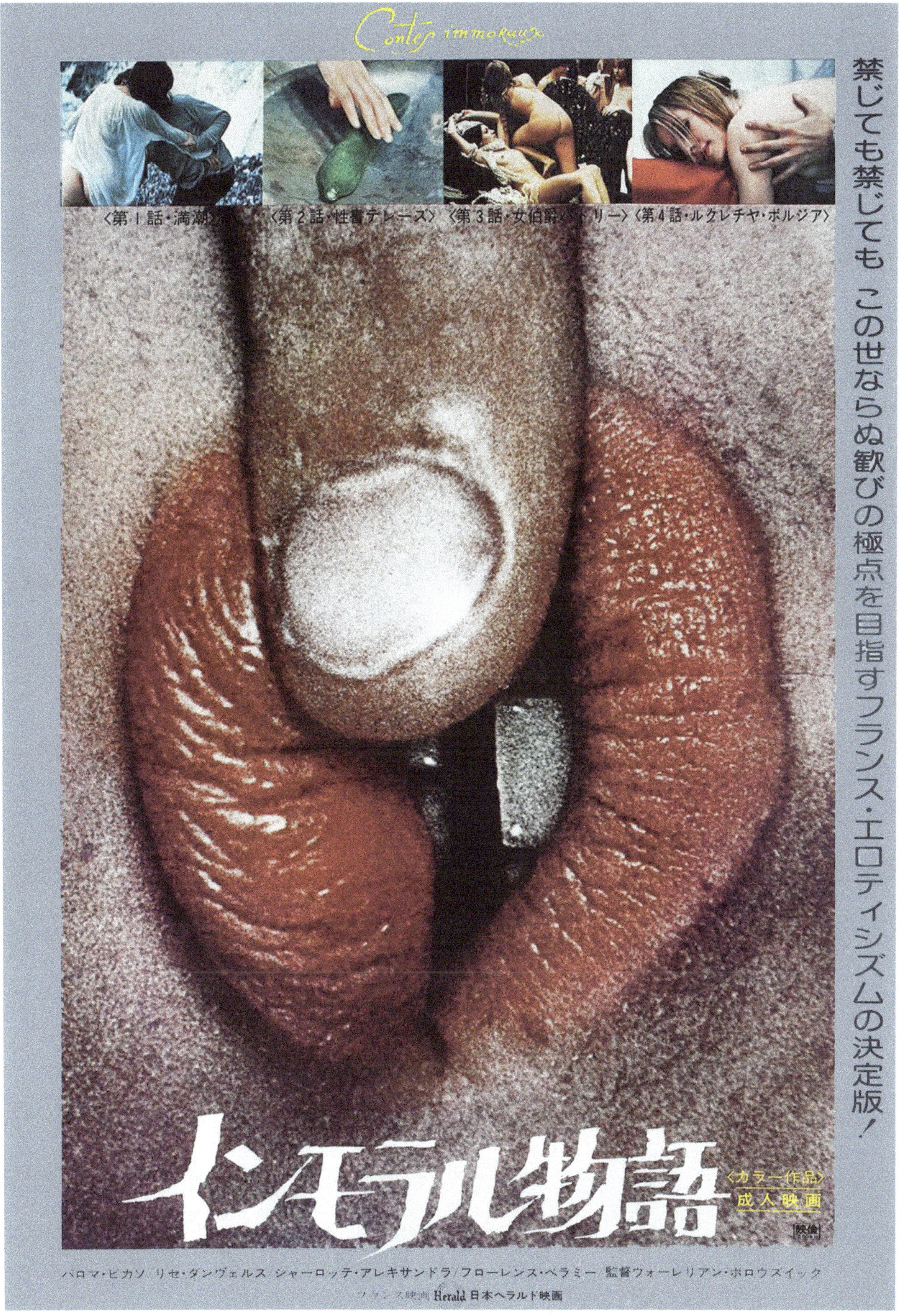

Contes immoraux
〈第1話・満潮〉 〈第2話・性膏テレーズ〉 〈第3話・女伯爵エリザベス・バートリー〉 〈第4話・ルクレチヤ・ボルジア〉
禁じても禁じても この世ならぬ歓びの極点を目指すフランス・エロティシズムの決定版！
インモラル物語
〈カラー作品〉
成人映画
映倫
パロマ・ピカソ/リセ・ダンヴェルス/シャーロッテ・アレキサンドラ/フローレンス・ベラミー 監督ウォーレリアン・ボロウスイック
フランス映画 Herald 日本ヘラルド映画

CONTES IMMORAUX

(France, 1973)

65

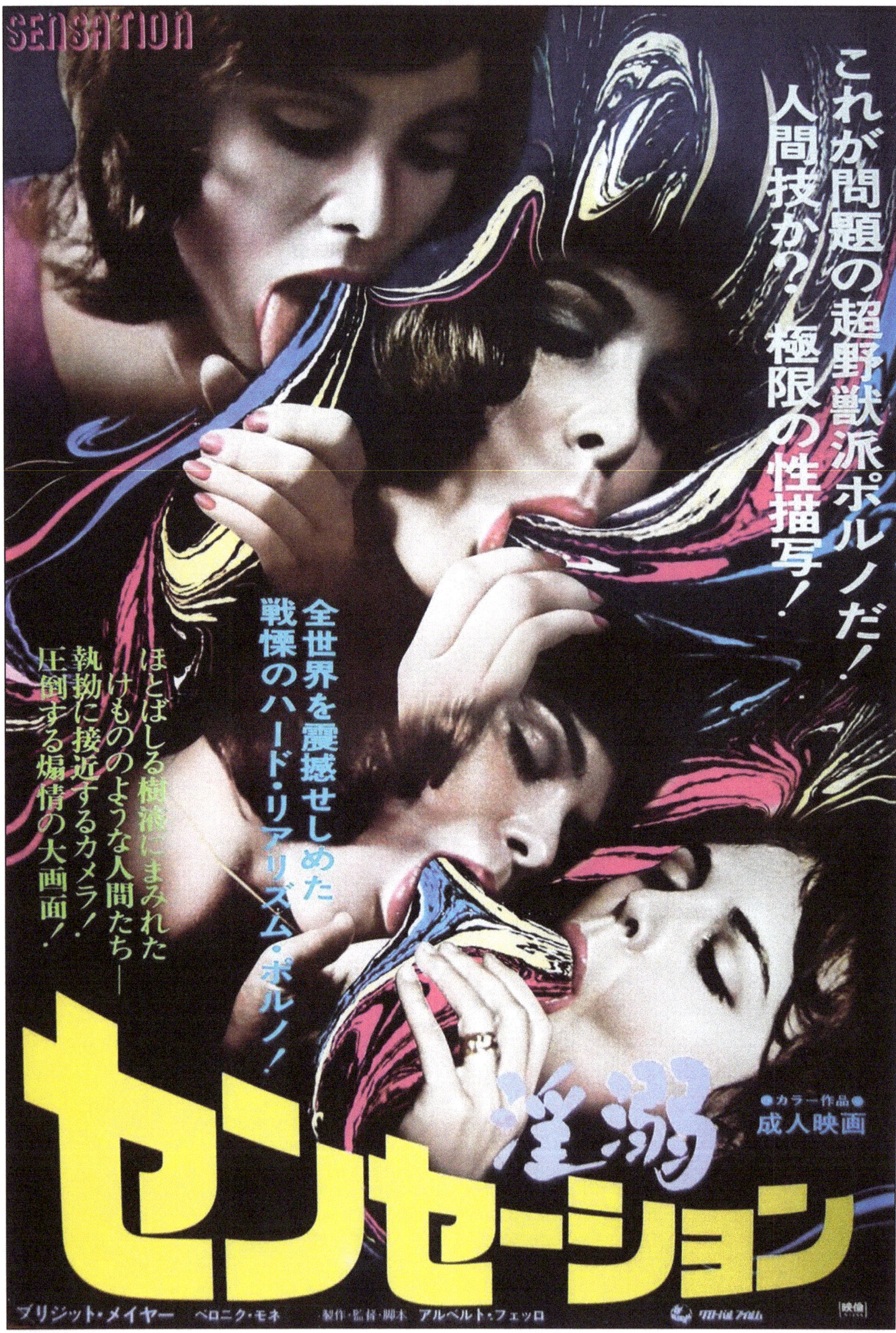
SENSATION
これが問題の超野獣派ポルノだ！
人間技か？！極限の性描写！
全世界を震撼せしめた
戦慄のハード・リアリズム・ポルノ！
ほとばしる横溢にまみれた
けものような人間たち――
執拗に接近するカメラ！
圧倒する煽情の大画面！
淫溺
●カラー作品●
成人映画
センセーション
ブリジット・メイヤー　ベロニク・モネ　製作・監督・脚本　アルベルト・フェッロ
映倫

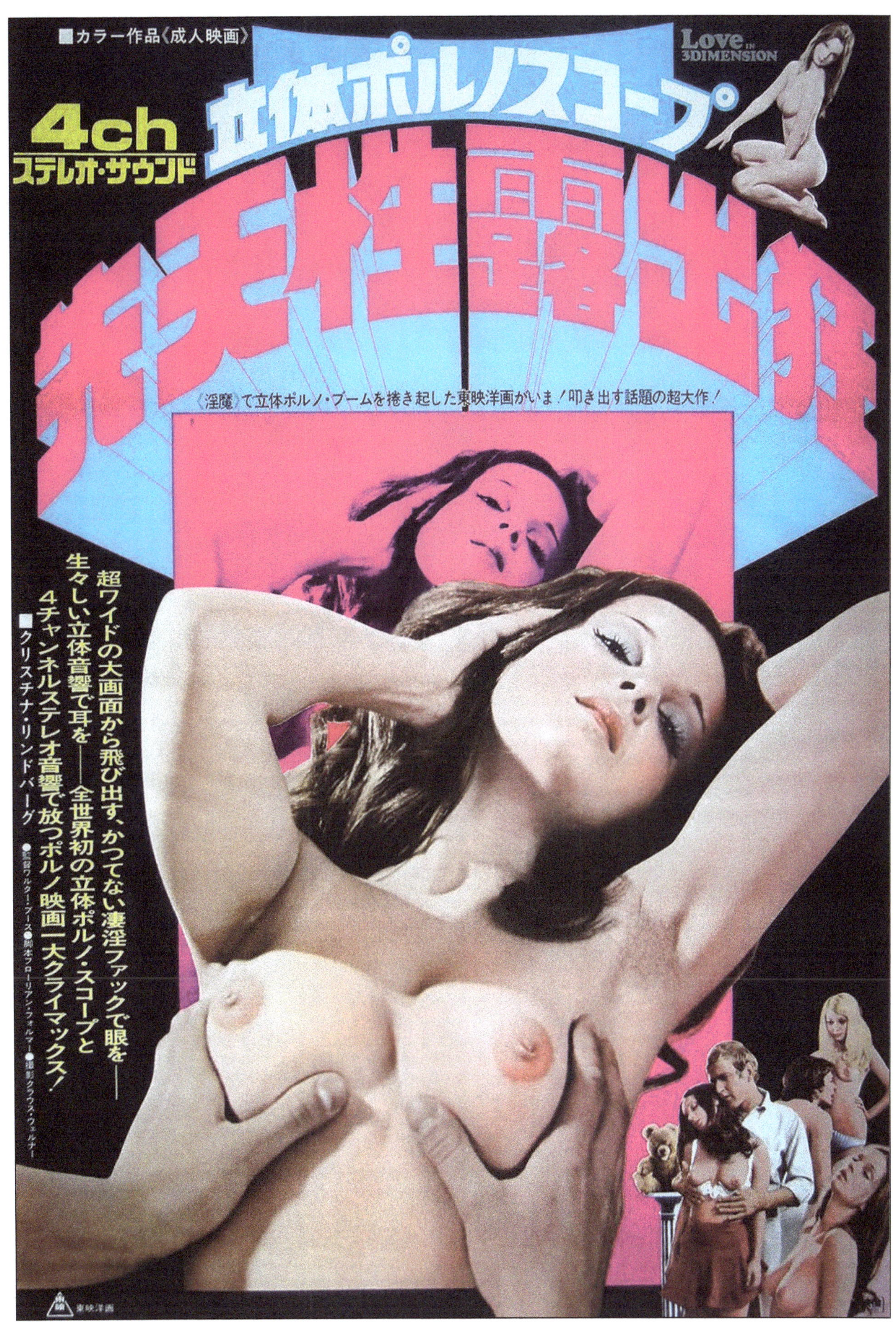

■カラー作品《成人映画》
Love IN 3DIMENSION
4ch ステレオ・サウンド
立体ポルノスコープ
先天性露出狂
《淫魔》で立体ポルノ・ブームを捲き起した東映洋画がいま！叩き出す話題の超大作！
超ワイドの大画面から飛び出す、かつてない凄淫ファックで眼を—
生々しい立体音響で耳を—全世界初の立体ポルノ・スコープと
4チャンネルステレオ音響で放つポルノ映画一大クライマックス！
■クリスチナ・リンドバーグ
●監督ワルター・ブース●脚本フローリアン・フォルマー●撮影クラウス・ウェルナー
東映洋画

LIEBE IN DREI DIMENSIONEN
(Germany, 1973)

67

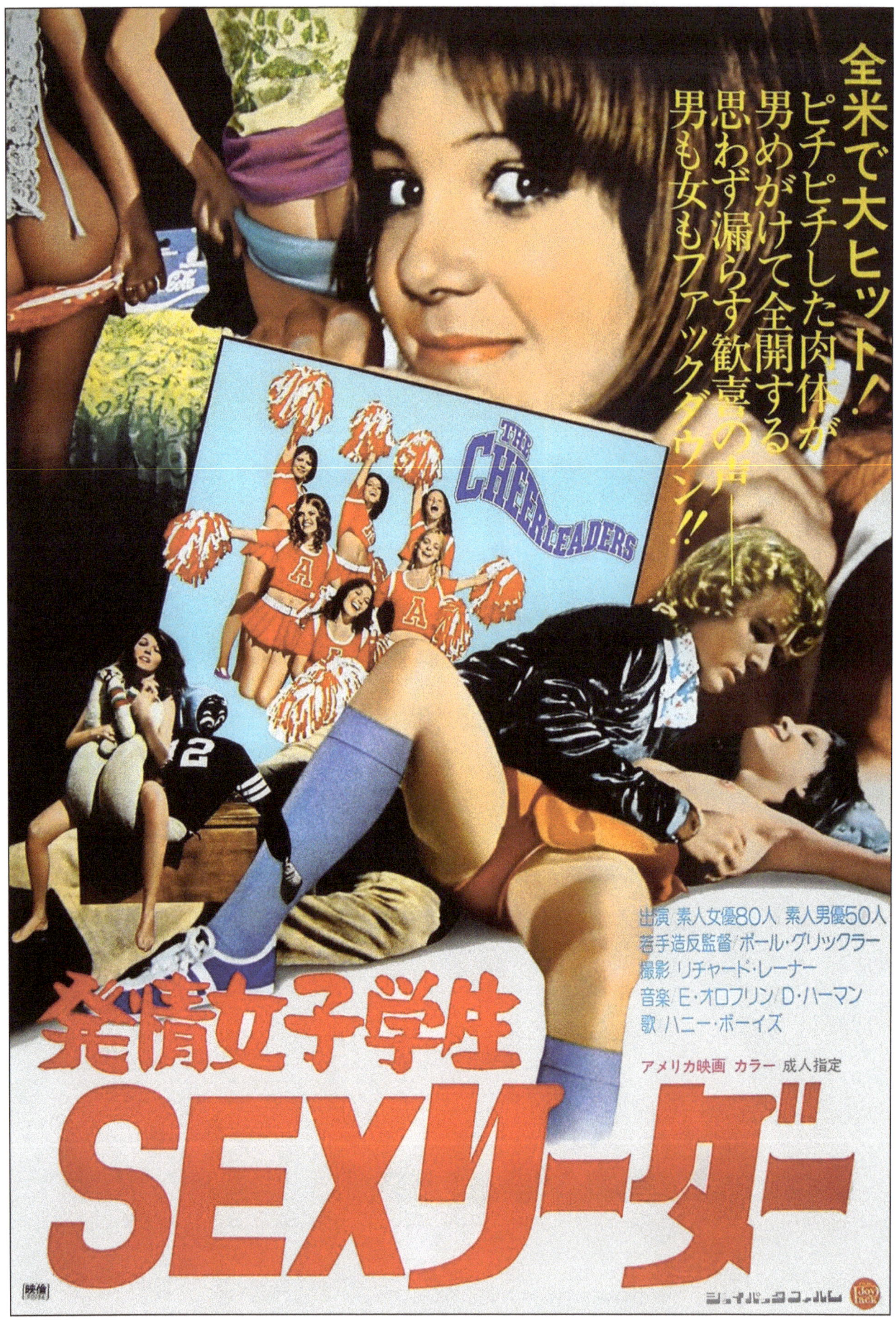

全米で大ヒット！
ピチピチした肉体が
男めがけて全開する
思わず漏らす歓喜の声
男も女もファックダウン!!
THE CHEERLEADERS
出演／素人女優80人 素人男優50人
若手造反監督／ポール・グリックラー
撮影／リチャード・レーナー
音楽／E・オロブリン／D・ハーマン
歌／ハニー・ボーイズ
アメリカ映画 カラー 成人指定
発情女子学生
SEXリーダー

THE CHEERLEADERS

(USA, 1973)

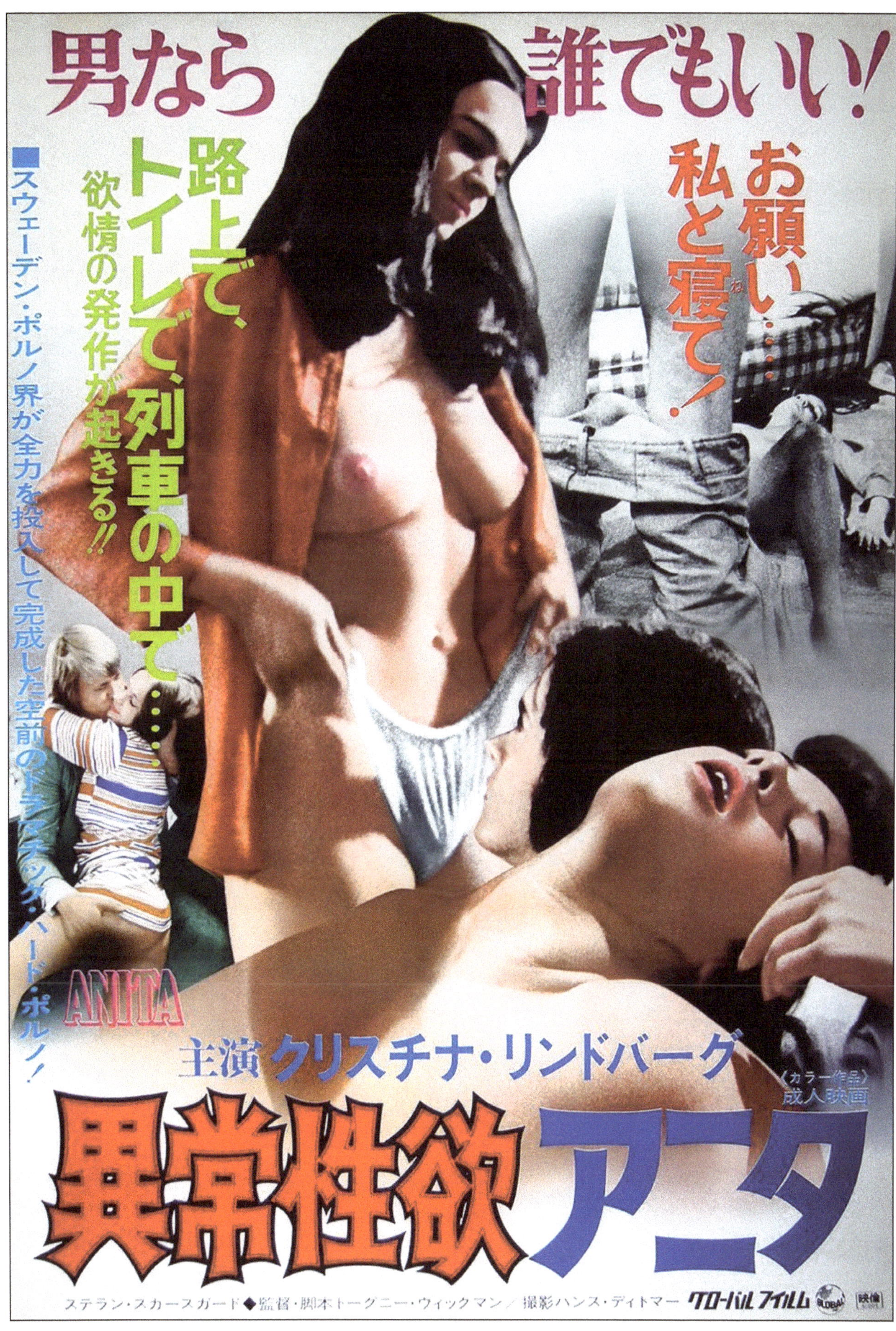

男なら 誰でもいい！
お願い……
私と寝て！
路上で、トイレで、列車の中で……
欲情の発作が起きる!!
■スウェーデン・ポルノ界が全力を投入して完成した空前のドラマチック・ハード・ポルノ！
ANITA
主演 クリスチナ・リンドバーグ
〈カラー作品〉
成人映画
異常性欲 アニタ
ステラン・スカースガード◆監督・脚本トークニー・ウィックマン／撮影ハンス・ディトマー グローバルフィルム

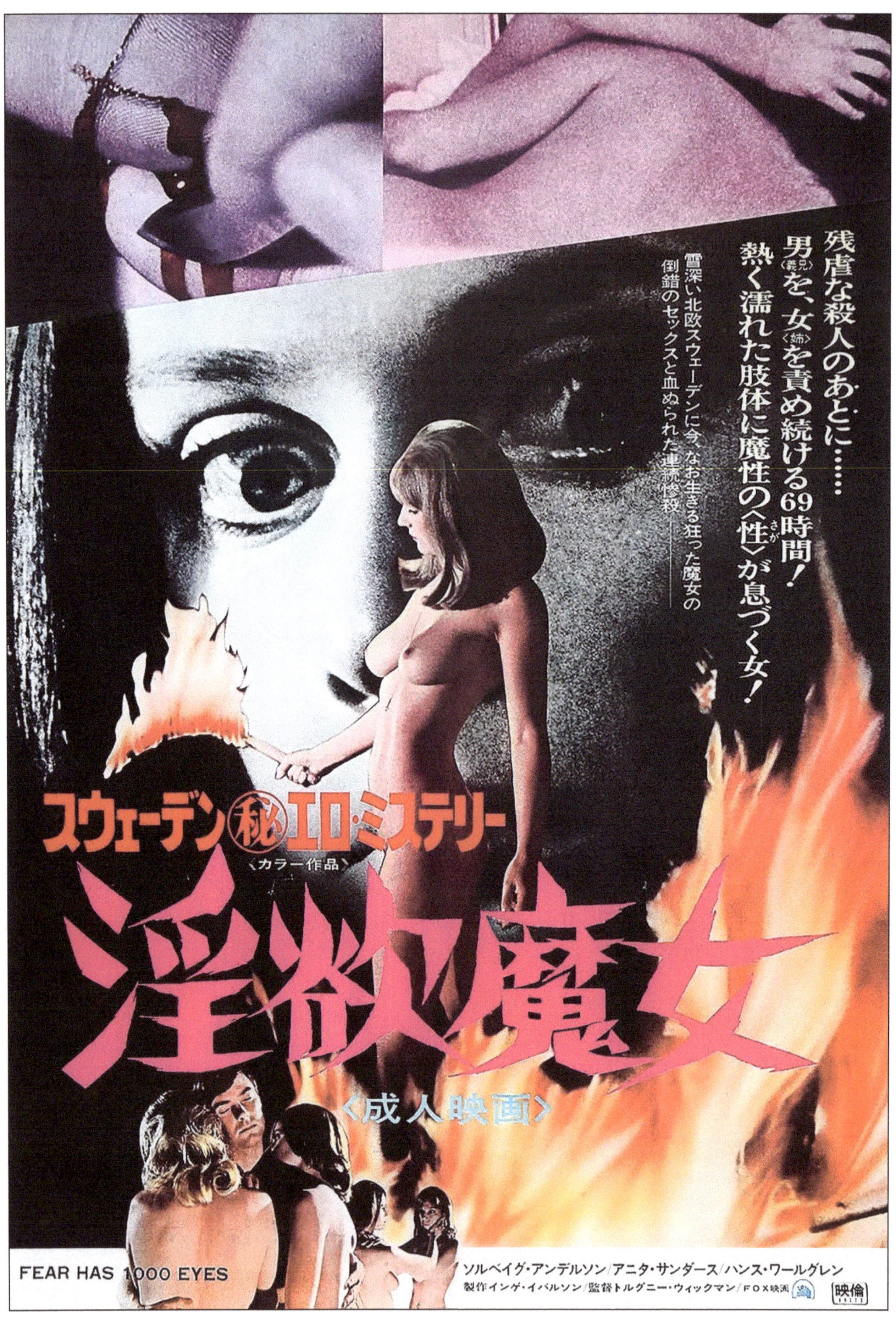

残虐な殺人のあとに……
男〈義兄〉を、女〈姉〉を責め続ける69時間！
熱く濡れた肢体に魔性の〈性〉が息づく女！
雪深い北欧スウェーデンに今、なお生きる狂った魔女の
倒錯のセックスと血ぬられた連続惨殺——
スウェーデン㊙エロ・ミステリー
〈カラー作品〉
淫欲魔女
〈成人映画〉
FEAR HAS 1000 EYES
ソルベイグ・アンデルソン／アニタ・サンダース／ハンス・ワールグレン
製作インゲ・イバルソン／監督トルグニー・ウィックマン／FOX映画
映倫

SKRÄCKEN HAR 1000 ÖGON

(Sweden, 1974)

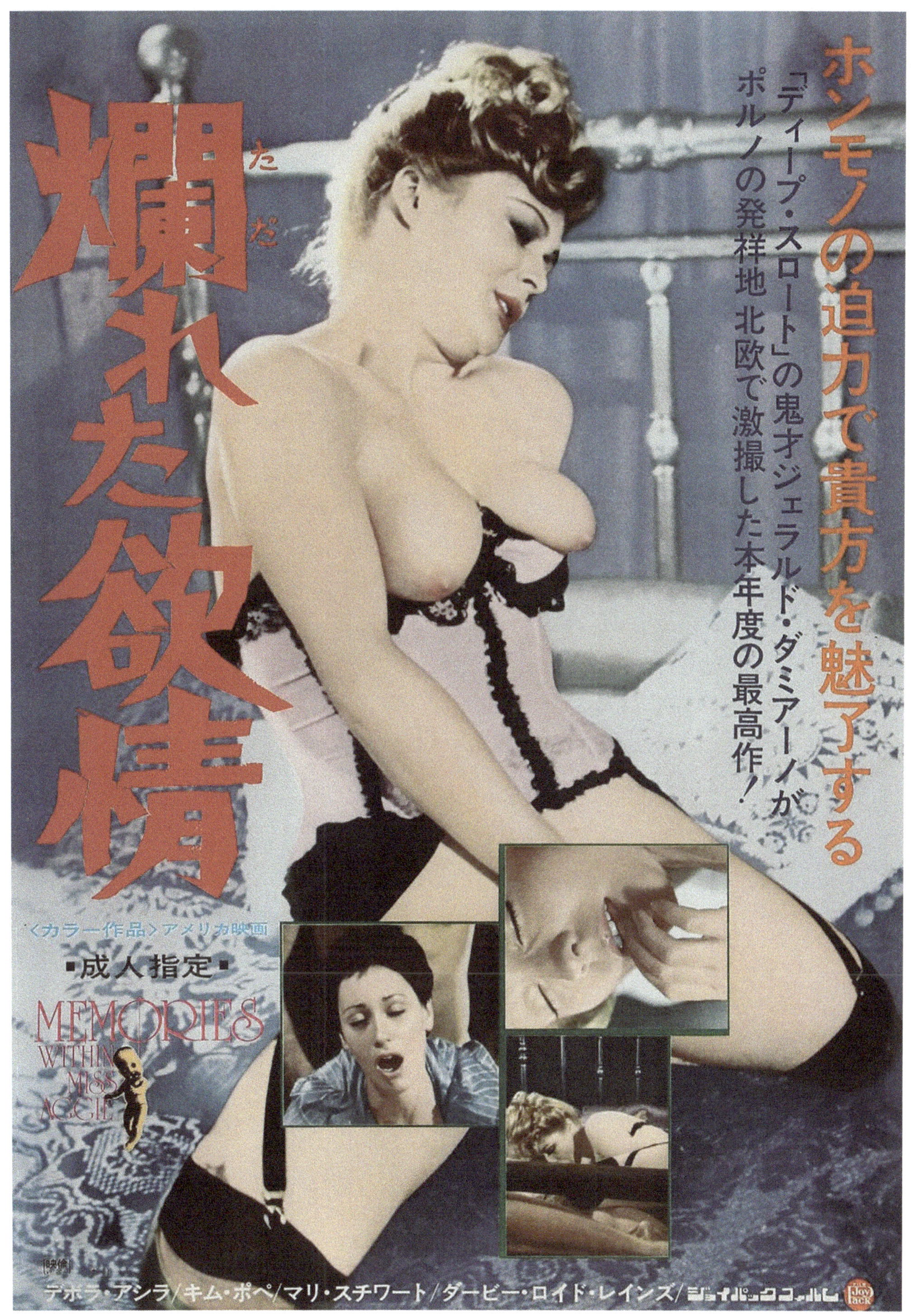
爛れた欲情
（ただ）
ホンモノの迫力で貴方を魅了する
「ディープ・スロート」の鬼才ジェラルド・ダミアーノが
ポルノの発祥地 北欧で激撮した本年度の最高作！
〈カラー作品〉アメリカ映画
■成人指定■
MEMORIES WITHIN MISS AGGIE
デボラ・アシラ／キム・ポペ／マリ・スチワート／ダービー・ロイド・レインズ／ジェイパックゴールム

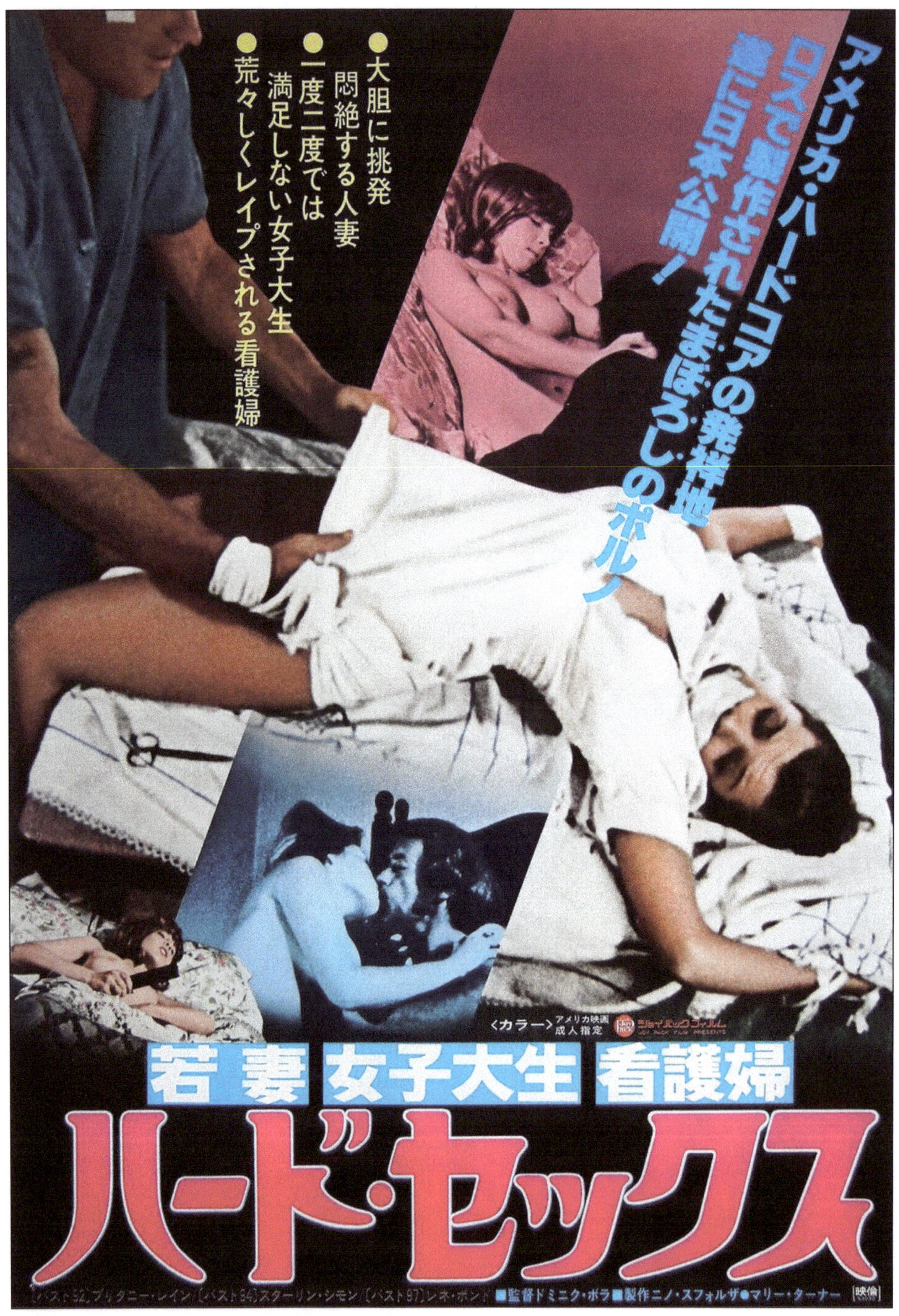
アメリカ・ハードコアの発祥地
ロスで製作されたまぼろしのポルノ
遂に日本公開！
●大胆に挑発
悶絶する人妻
●一度二度では
満足しない女子大生
●荒々しくレイプされる看護婦
〈カラー〉アメリカ映画
成人指定
ジョイパックフィルム
JOY PACK FILM PRESENTS
若妻 女子大生 看護婦
ハード・セックス
〔バスト92〕ブリタニー・レイン／〔バスト84〕スターリン・シモン／〔バスト97〕レネ・ボンド　■監督ドミニク・ボラ　■製作ニノ・スフォルザ●マリー・ターナー　映倫

ANGEL ABOVE, DEVIL BELOW
(USA, 1974)

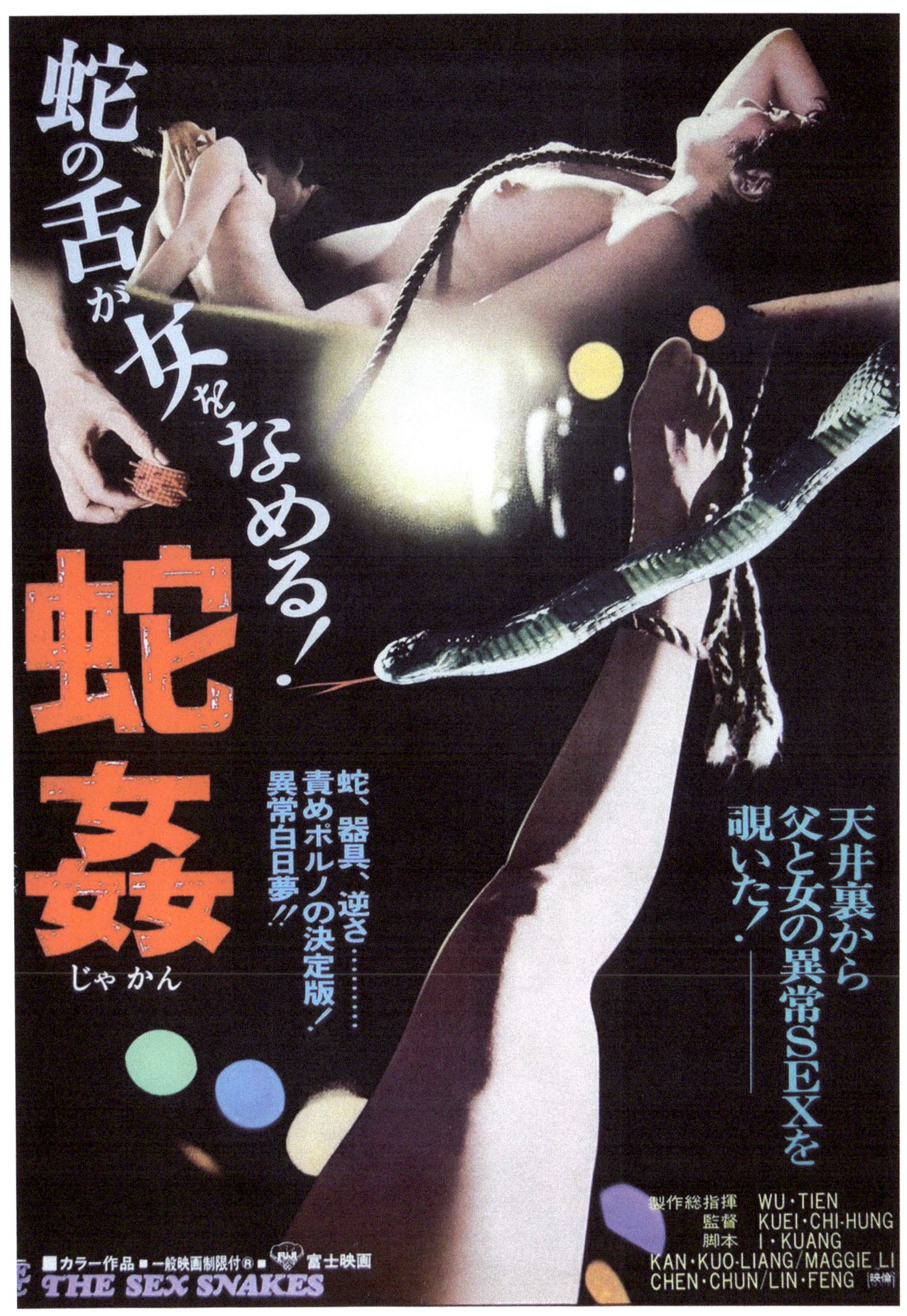
蛇の舌が女をなめる！
蛇女
じゃかん
蛇、器具、逆さ……
責めポルノの決定版！
異常白日夢!!
天井裏から父と女の異常SEXを覗いた！
製作総指揮　WU・TIEN
監督　KUEI・CHI・HUNG
脚本　I・KUANG
KAN・KUO・LIANG/MAGGIE LI
CHEN・CHUN/LIN・FENG
■カラー作品　一般映画制限付® 富士映画
THE SEX SNAKES

SHE SHASHOU
(Hong Kong, 1974)

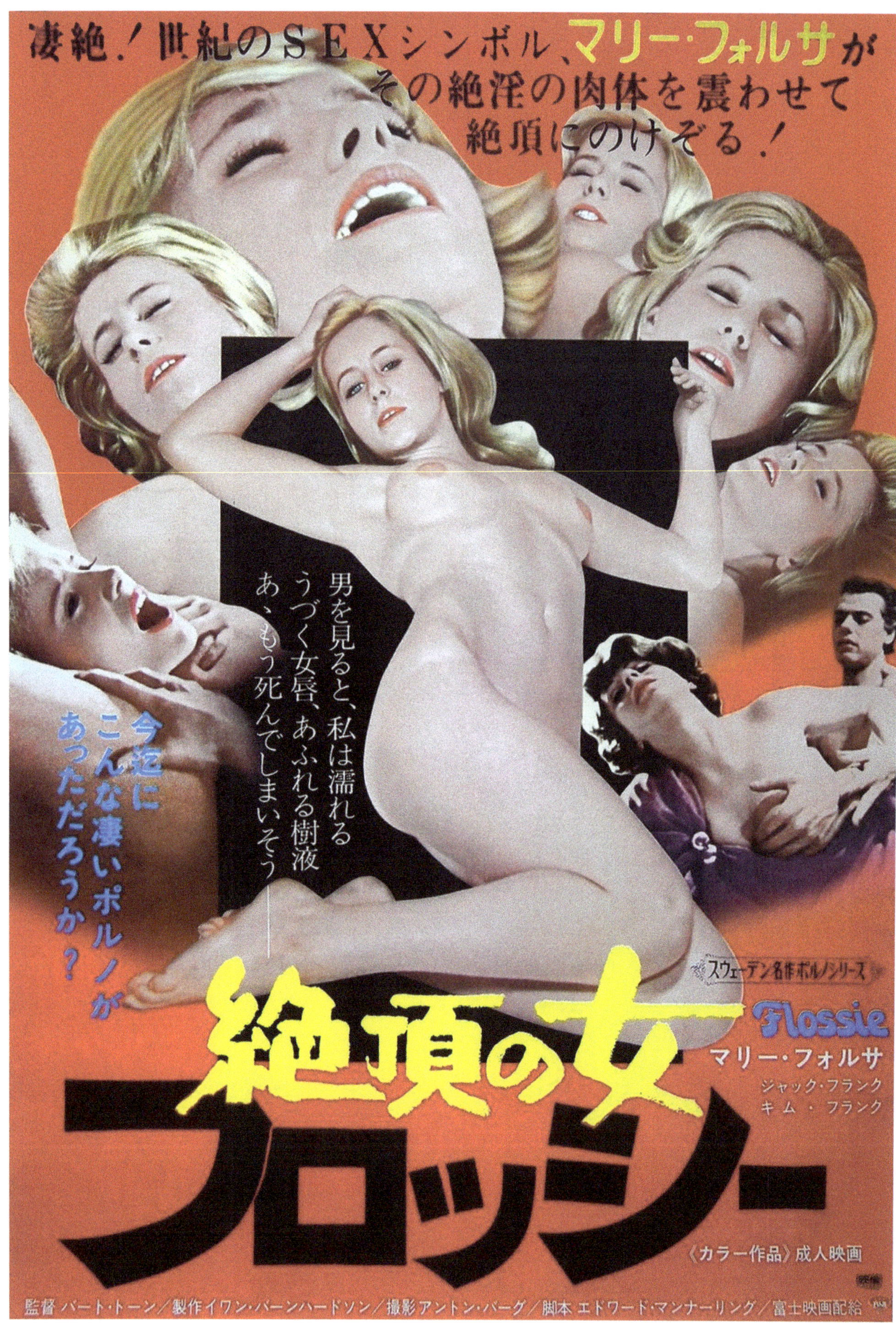
凄絶．！世紀のＳＥＸシンボル、マリー・フォルサが
その絶淫の肉体を震わせて
絶頂にのけぞる！
今迄に
こんな凄いポルノが
あっただろうか？
男を見ると、私は濡れる
うづく女唇、あふれる樹液
あゝ、もう死んでしまいそう
スウェーデン名作ポルノシリーズ
Flossie
絶頂の女
フロッシー
マリー・フォルサ
ジャック・フランク
キム・フランク
《カラー作品》成人映画
監督 バート・トーン／製作 イワン・バーンハードソン／撮影 アントン・バーグ／脚本 エドワード・マンナーリング／富士映画配給

FLOSSIE

(Sweden, 1974)

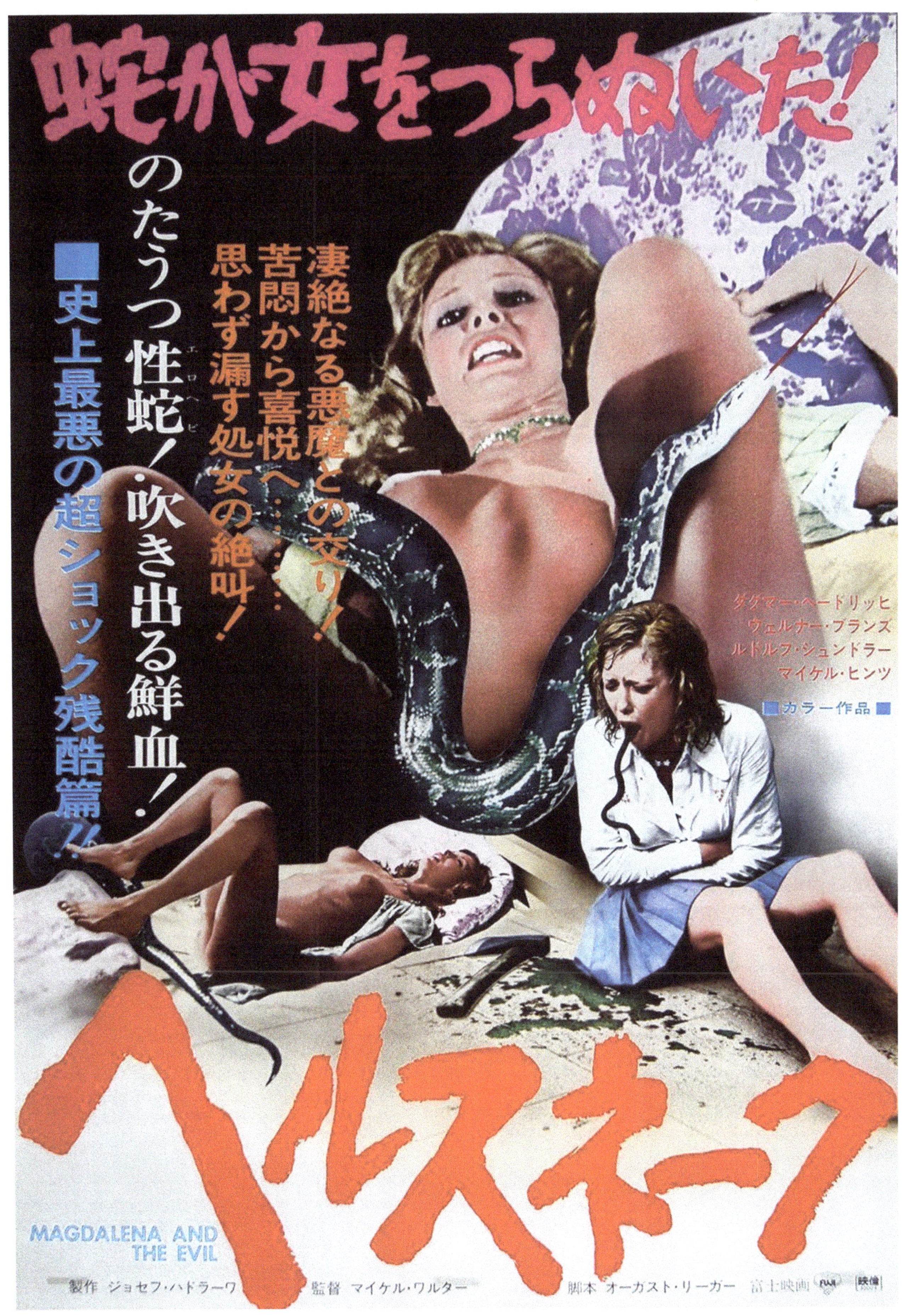
蛇が女をつらぬいた！

史上最悪の超ショック残酷篇!!

のたうつ性蛇（エロヘビ）！吹き出る鮮血！

凄絶なる悪魔との交り！
苦悶から喜悦へ……
思わず漏らす処女の絶叫！

ダグマー・ヘードリッヒ
ウェルナー・ブランズ
ルドルフ・シュンドラー
マイケル・ヒンツ

■カラー作品■

ヘルスネーク

MAGDALENA AND
THE EVIL

■製作 ジョセフ・ハドラーワ　監督 マイケル・ワルター　脚本 オーガスト・リーガー　富士映画

MAGDALENA, VOM TEUFEL BESESSEN
(Germany, 1974)

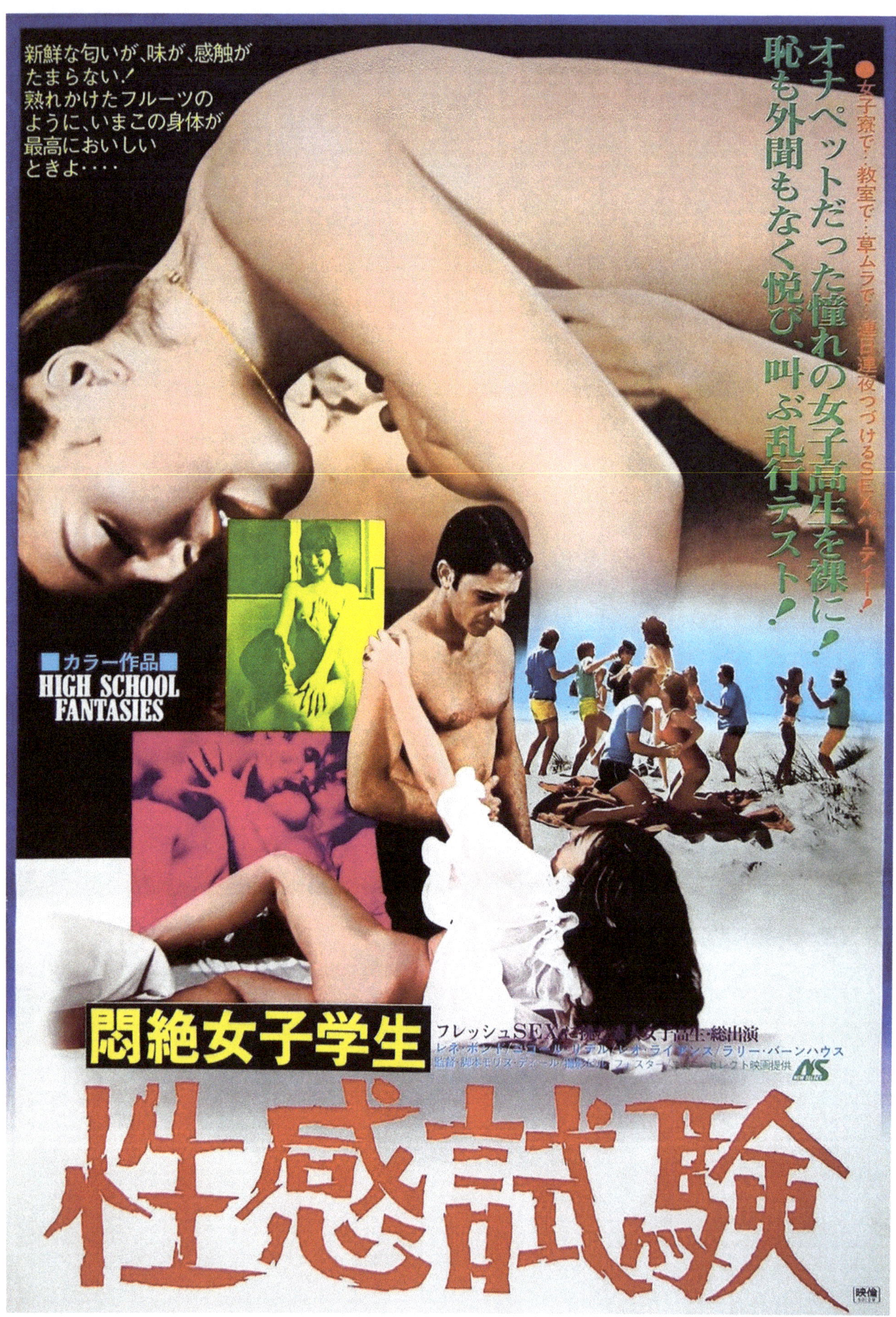

新鮮な匂いが、味が、感触が
たまらない！
熟れかけたフルーツの
ように、いまこの身体が
最高においしい
ときよ‥‥

■カラー作品■
HIGH SCHOOL
FANTASIES

女子寮で‥教室で‥草ムラで‥連日連夜つづけるSEXパーティー！

オナペットだった憧れの女子高生を裸に！
恥も外聞もなく悦び、叫ぶ乱行テスト！

悶絶女子学生

フレッシュSEXに狂う美人女子高生・総出演
レネ・ボッテ／ミシェル・リデル／ボ・ライゼンス／ラリー・バーンハウス
監督・脚本モリス・デオール・撮影ボブ・フィスター・セレクト映画提供

性感試験

HIGH SCHOOL FANTASIES

(USA, 1974)

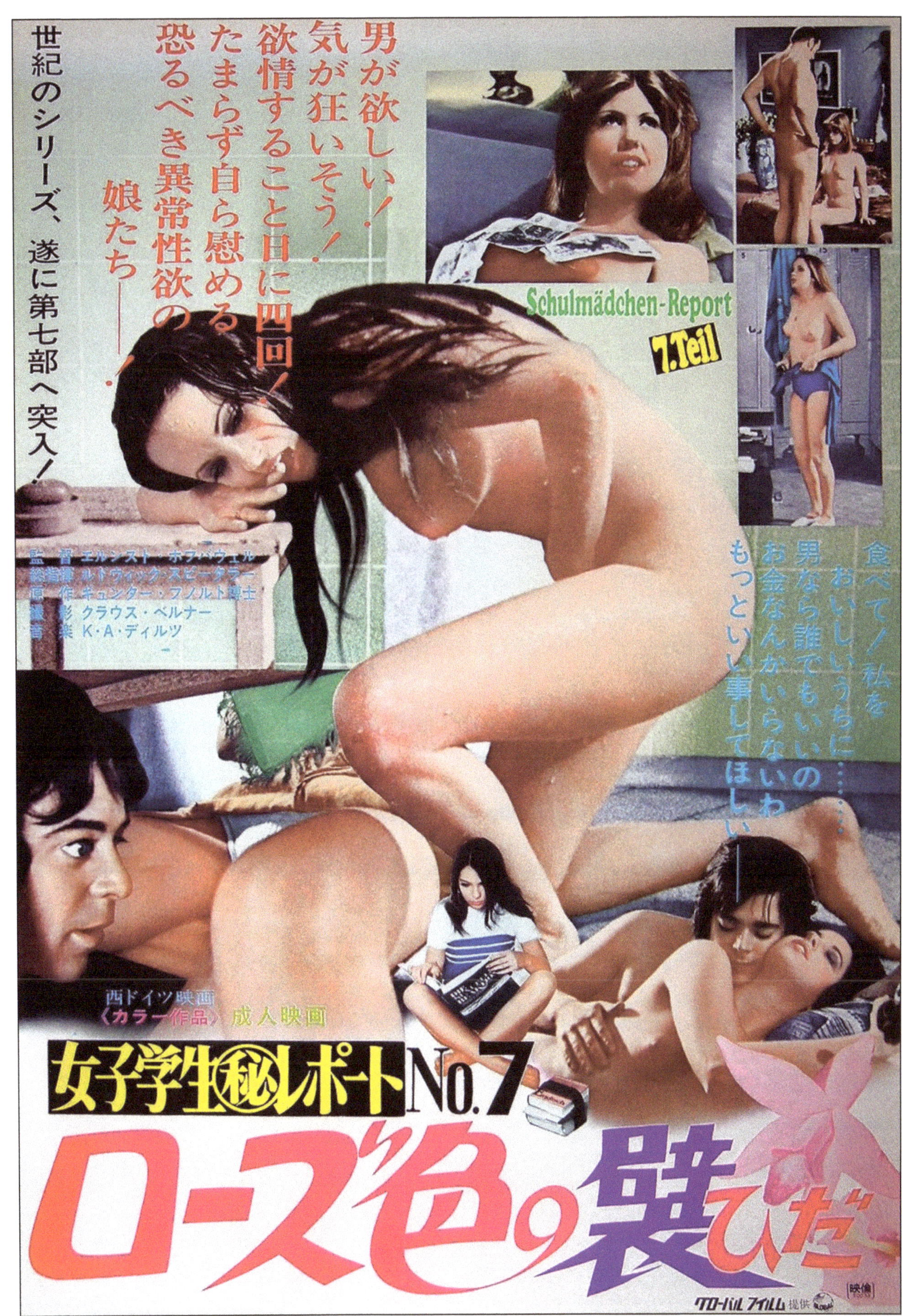
世紀のシリーズ、遂に第七部へ突入！
男が欲しい！・気が狂いそう！・欲情すること日に四回！たまらず自ら慰める恐るべき異常性欲の娘たち──！
Schulmädchen-Report
7.Teil
監督 エルンスト・ホフバウエル
総指揮 ルトウィックス・ビーダー
原作 ギュンター・フノルト博士
撮影 クラウス・ベルナー
音楽 K・A・ディルツ
食べて！私をおいしいうちに……男なら誰でもいいのお金なんかいらないわ──もっといい事してほしい
西ドイツ映画〈カラー作品〉成人映画
女子学生㊙レポート No.7
ローズ色の襞ひだ
グローバル フィルム 提供

唇に愛の華咲きほころばせ…
昼さがりの光にさえ肌を許す
背徳のおまえ——エマニエル

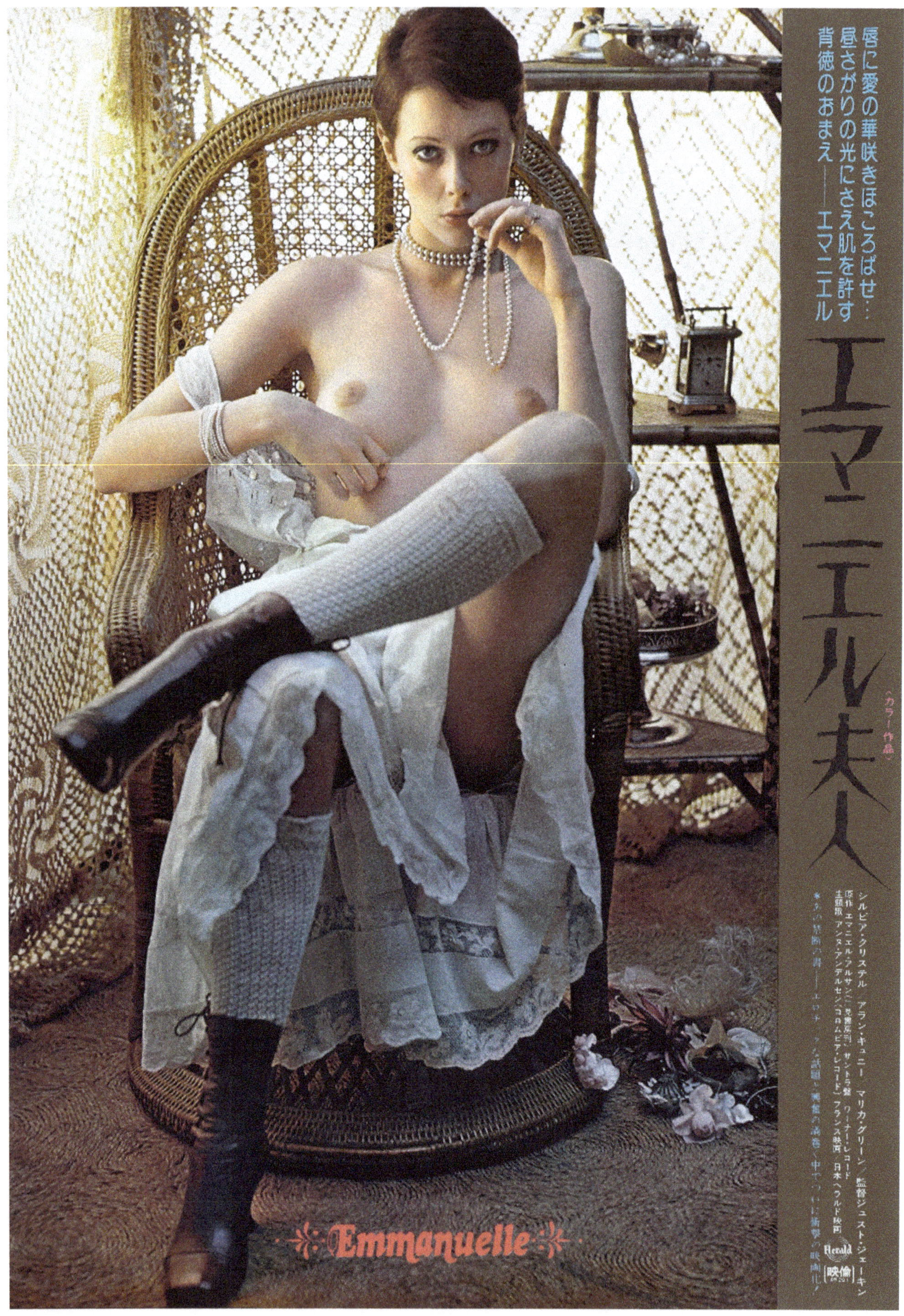

エマニエル夫人
（カラー作品）
シルビア・クリステル／アラン・キュニー／マリカ・グリーン／監督ジュスト・ジェーキン
原作エマニエル・アルサン（芝麗房刊）／サントラ盤 ワーナー・レコード
主題歌 アンヌ・アンデルセン（コロムビア・レコード）／フランス映画 日本ヘラルド映画
Herald ［映倫］
愛の禁断の書——エマ…という話題と艶笑の渦巻く中でついに衝撃の映画化！
Emmanuelle

EMMANUELLE
(France, 1974)

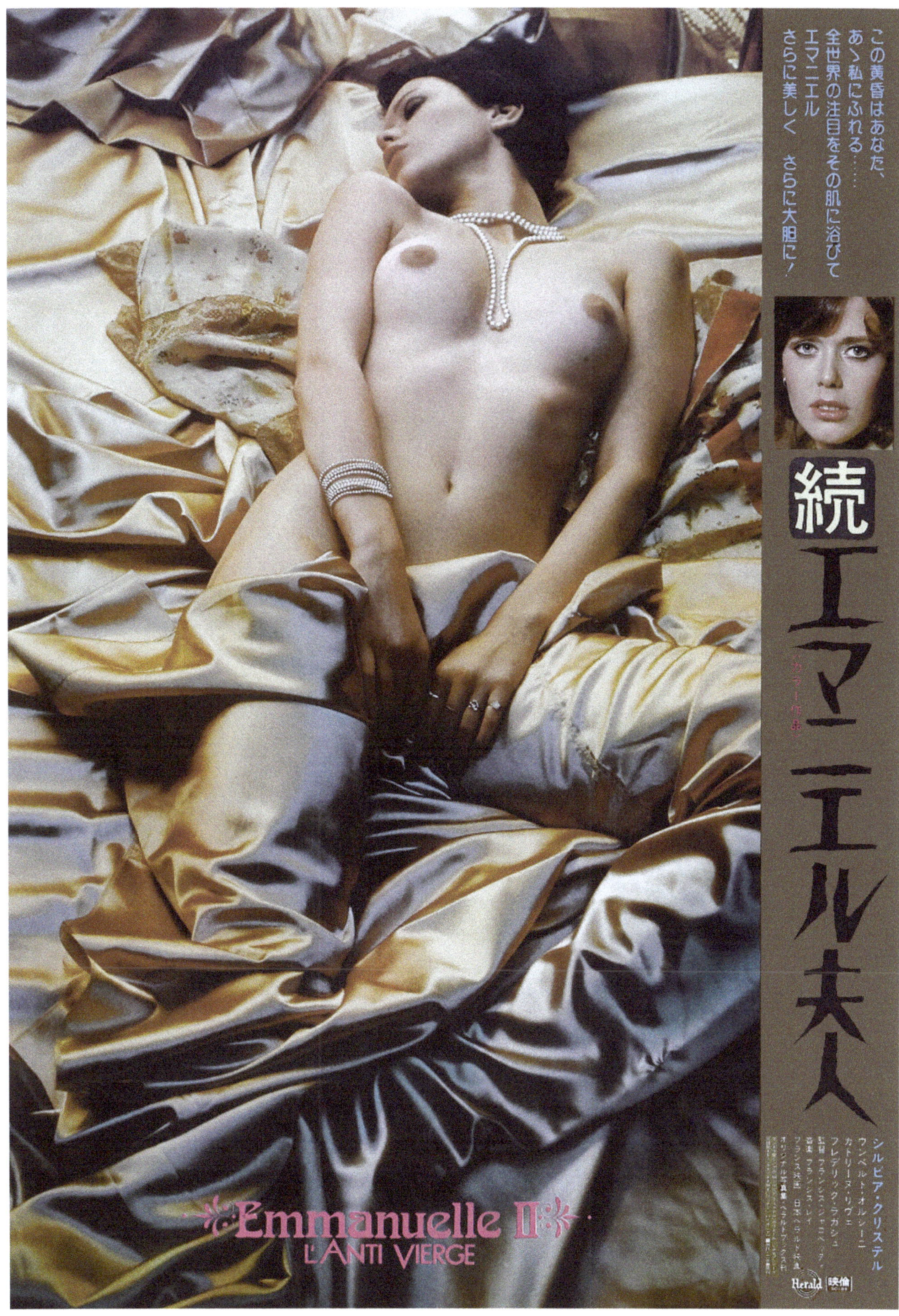
この黄昏はあなた、
あゝ私にふれる……
全世界の注目をその肌に浴びて
エマニエル
さらに美しく　さらに大胆に！

続
エマニエル夫人

シルビア・クリステル
ウンベルト・オルシーニ
カトリーヌ・リヴェ
フレデリック・ラガシュ
監督　フランシス・ジャコベッティ
音楽　フランシス・レイ
フランス映画　日本ヘラルド映画
オリジナル写真集　ベラルドマ・C.S.R.

Emmanuelle II
L'ANTI VIERGE

Herald

EMMANUELLE L'ANTIVIERGE
(France, 1975)

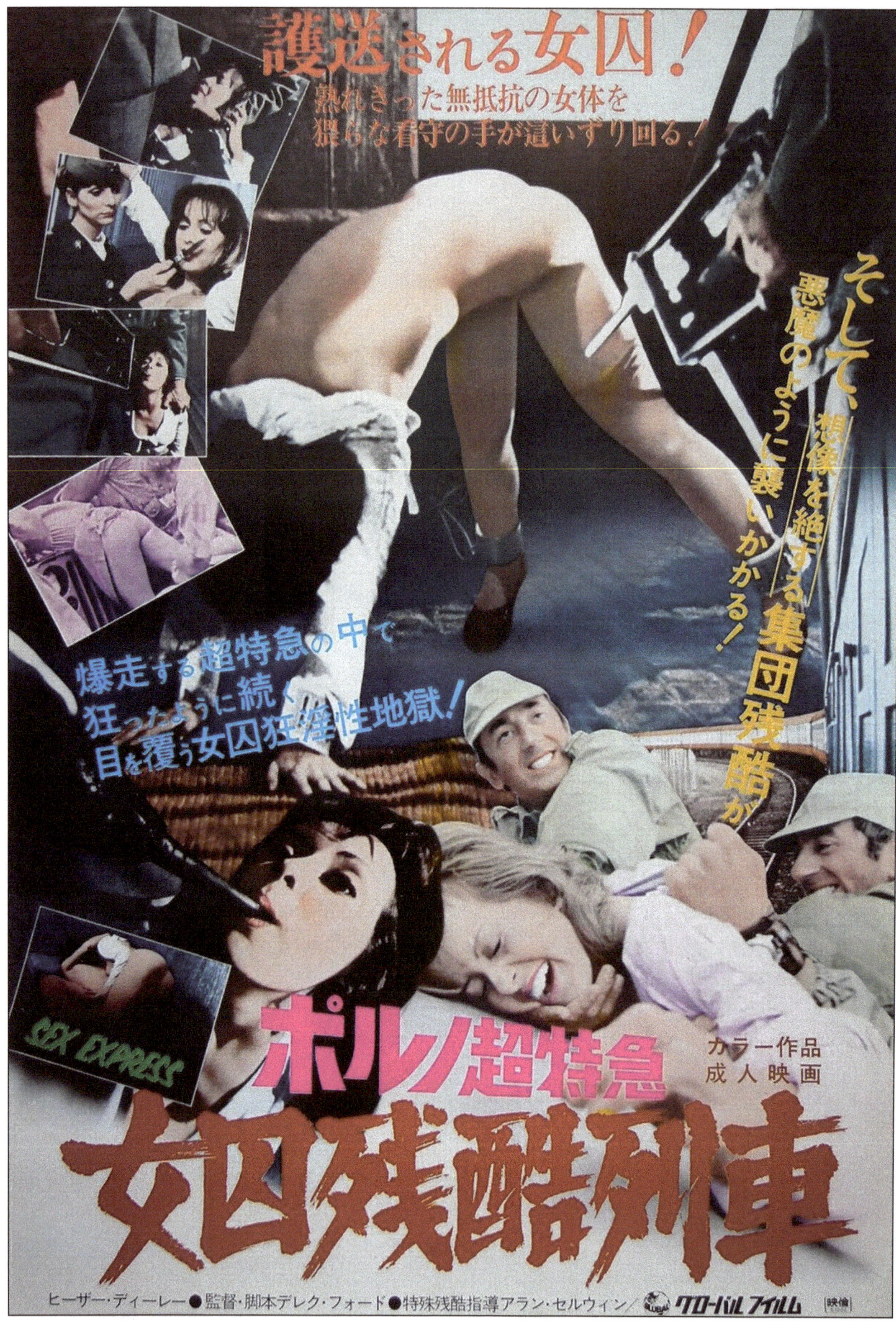

護送される女囚！
熟れきった無抵抗の女体を
猥らな看守の手が這いずり回る！
そして、悪魔のように想像を絶する集団残酷が
襲いかかる！
爆走する超特急の中で
狂ったように続く
目を覆う女囚狂淫性地獄！
SEX EXPRESS
ポルノ超特急
カラー作品
成人映画
女囚残酷列車
ヒーザー・ディーレー●監督・脚本デレク・フォード●特殊残酷指導アラン・セルウィン／グローバルフィルム 映像

SEX EXPRESS

(UK, 1974)

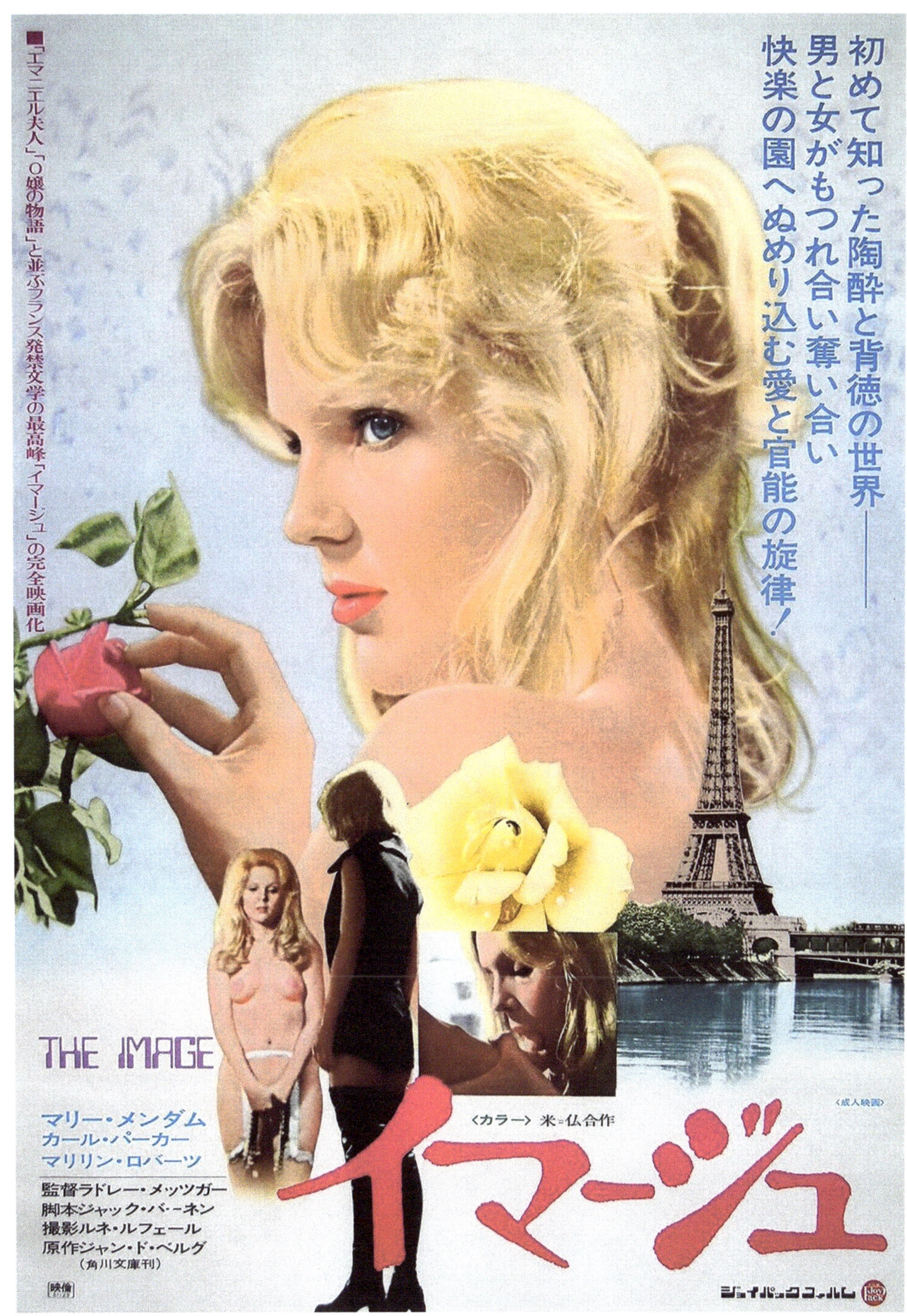
初めて知った陶酔と背徳の世界——
男と女がもつれ合い奪い合い
快楽の園へぬめり込む愛と官能の旋律！
「エマニエル夫人」「O嬢の物語」と並ぶフランス発禁文学の最高峰「イマージュ」の完全映画化
THE IMAGE
〈カラー〉米＝仏合作
〈成人映画〉
マリー・メンダム
カール・パーカー
マリリン・ロバーツ
監督ラドレー・メッツガー
脚本ジャック・バ―ネン
撮影ルネ・ルフェール
原作ジャン・ド・ベルグ
（角川文庫刊）
映倫
イマージュ

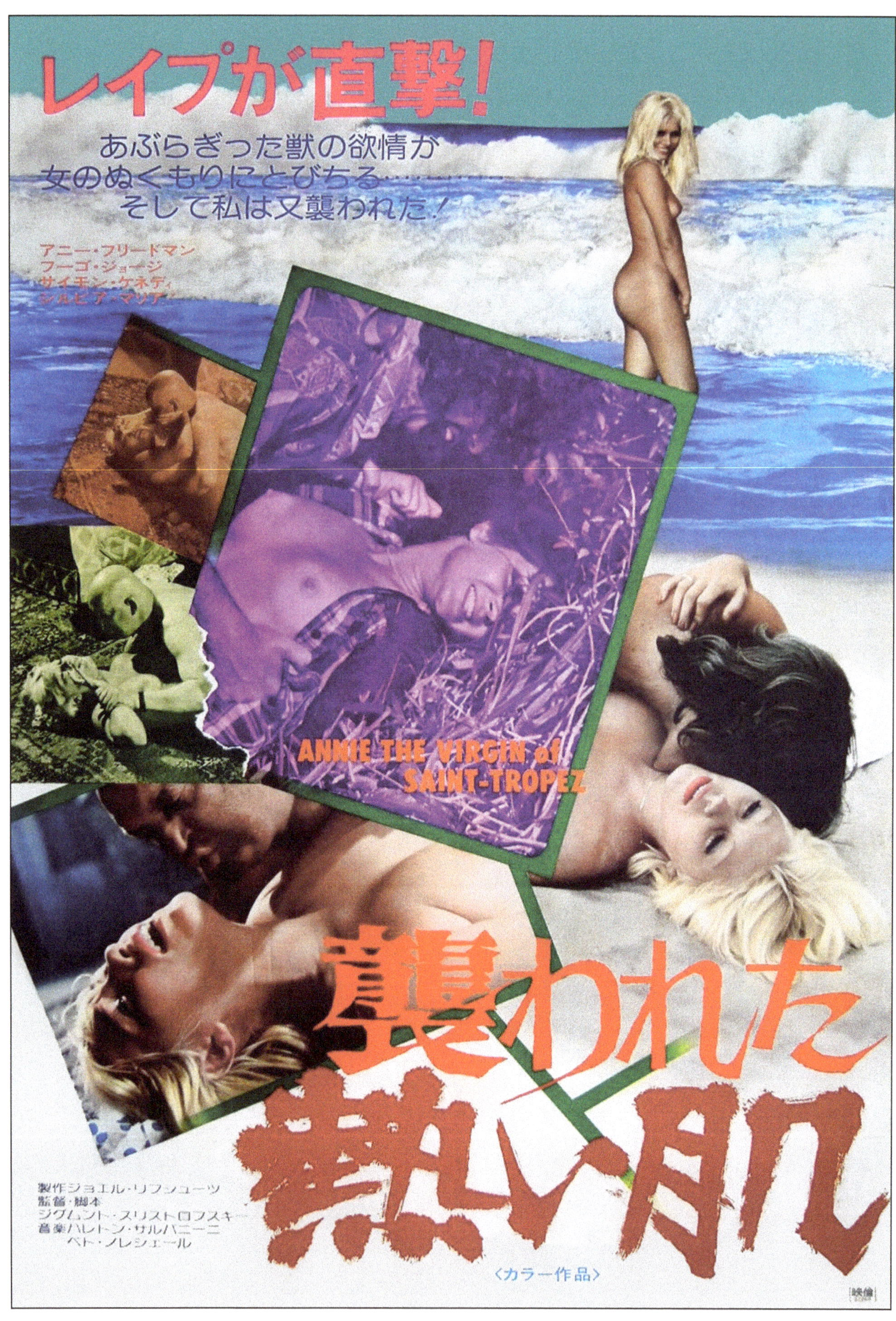
レイプが直撃！
あぶらぎった獣の欲情が
女のぬくもりにとびちる……
そして私は又襲われた！
アニー・フリードマン
フーゴ・ジョージ
サイモン・ケネディ
シルビア・マリア
ANNIE THE VIRGIN of
SAINT-TROPEZ
襲われた熱い肌
製作ジョエル・リフシューツ
監督・脚本
ジグムント・スリストロフスキー
音楽ハルトン・サルバニーニ
ペト・ノレシェール
〈カラー作品〉

ANNIE, LA VIERGE DE ST. TROPEZ

(France, 1975)

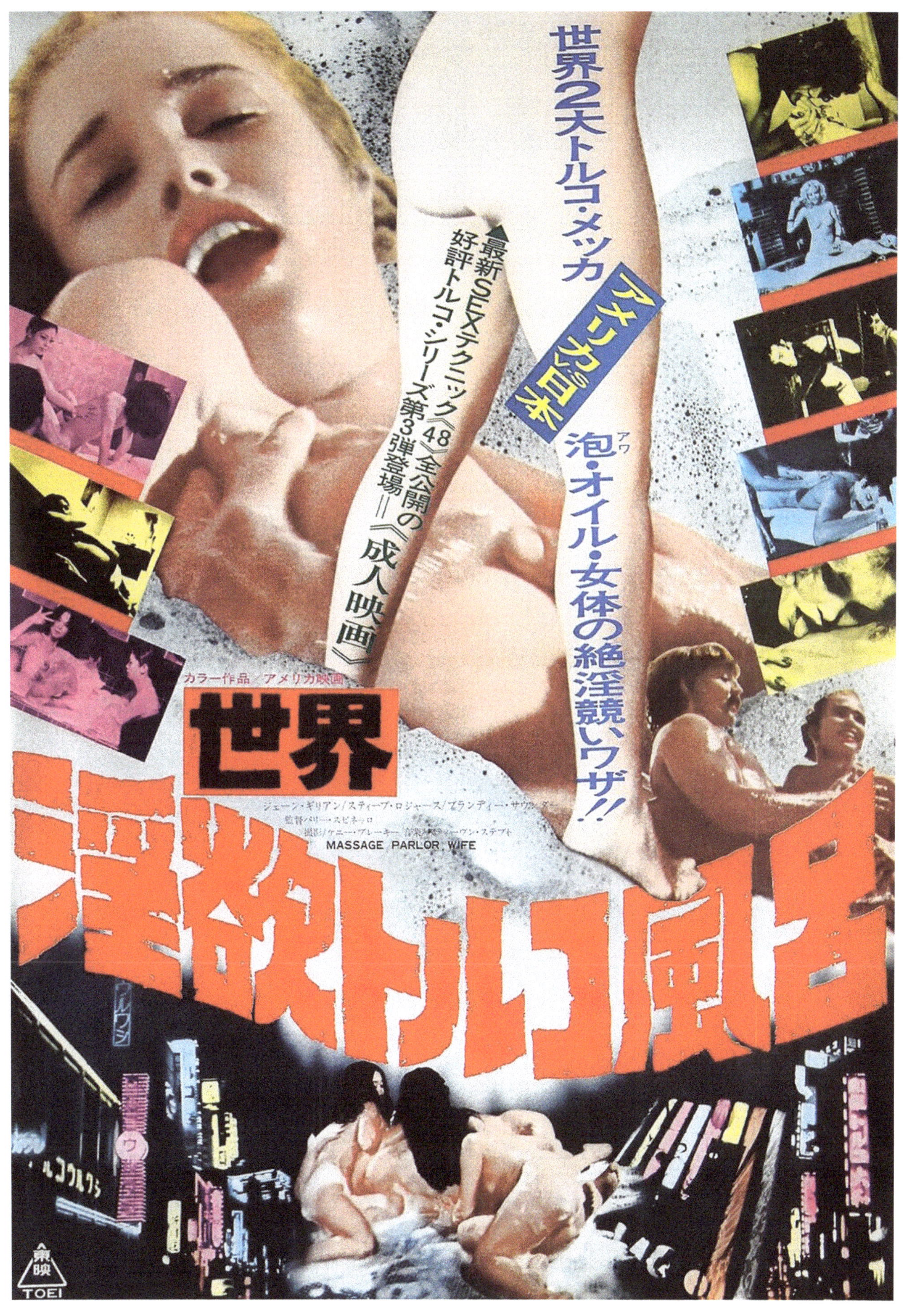
世界2大トルコ・メッカ
アメリカから日本
泡・オイル・女体の絶淫競いワザ!!
最新SEXテクニック《48》全公開の
好評トルコ・シリーズ第3弾登場=《成人映画》
カラー作品/アメリカ映画
世界
淫欲トルコ風呂
ジェーン・ギリアン/スティーブ・ロジャース/ブランディー・サウンダー
監督バリー・スピネッロ
撮影ケニー・ブレーキー 音楽スティーヴン・ステプト
MASSAGE PARLOR WIFE
東映
TOEI

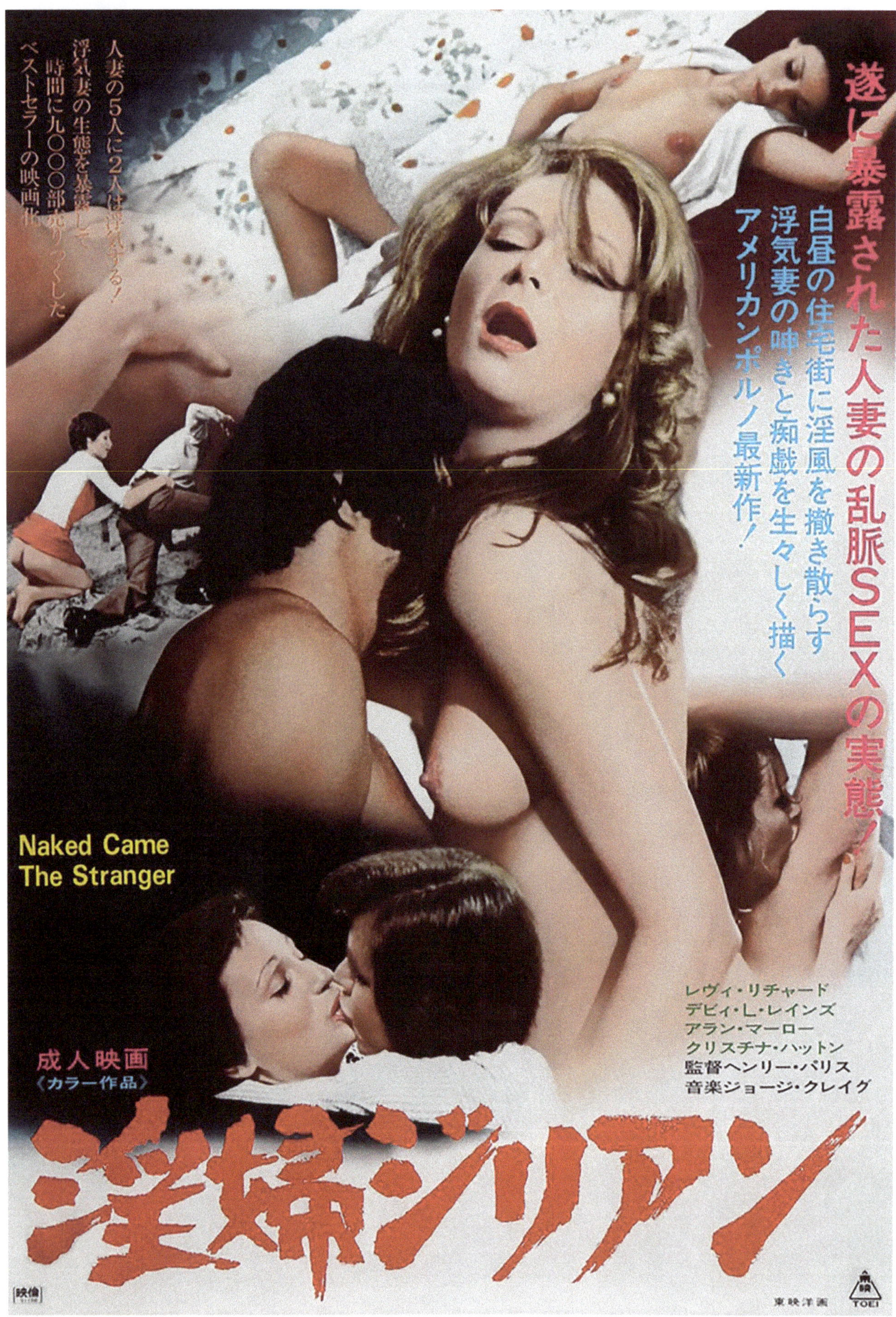
遂に暴露された人妻の乱脈SEXの実態！

白昼の住宅街に淫風を撒き散らす
浮気妻の呻きと痴戯を生々しく描く
アメリカンポルノ最新作！

人妻の5人に2人は浮気する！
浮気妻の生態を暴露して、
時間に九〇〇〇部売りつくした
ベストセラーの映画化

Naked Came
The Stranger

レヴィ・リチャード
デビィ・L・レインズ
アラン・マーロー
クリスチナ・ハットン
監督ヘンリー・パリス
音楽ジョージ・クレイグ

成人映画
〈カラー作品〉

淫婦ジリアン

映倫

東映洋画
TOEI

NAKED CAME THE STRANGER

(USA, 1975)

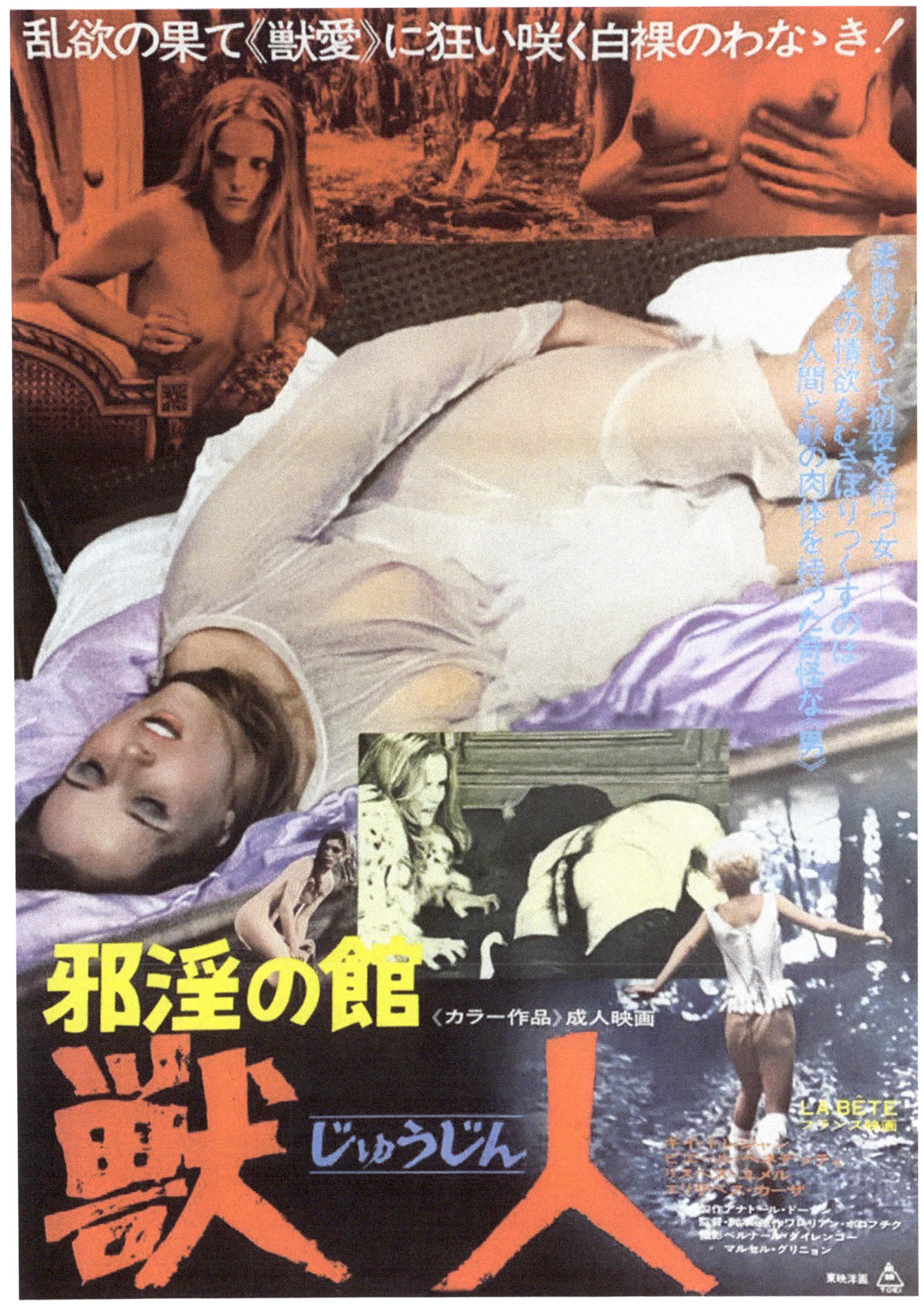
乱欲の果て《獣愛》に狂い咲く白裸のわなゝき！
邪淫の館
獣人
じゅうじん
《カラー作品》成人映画
LA BÊTE
東映洋画

LA BÊTE
(France, 1975)

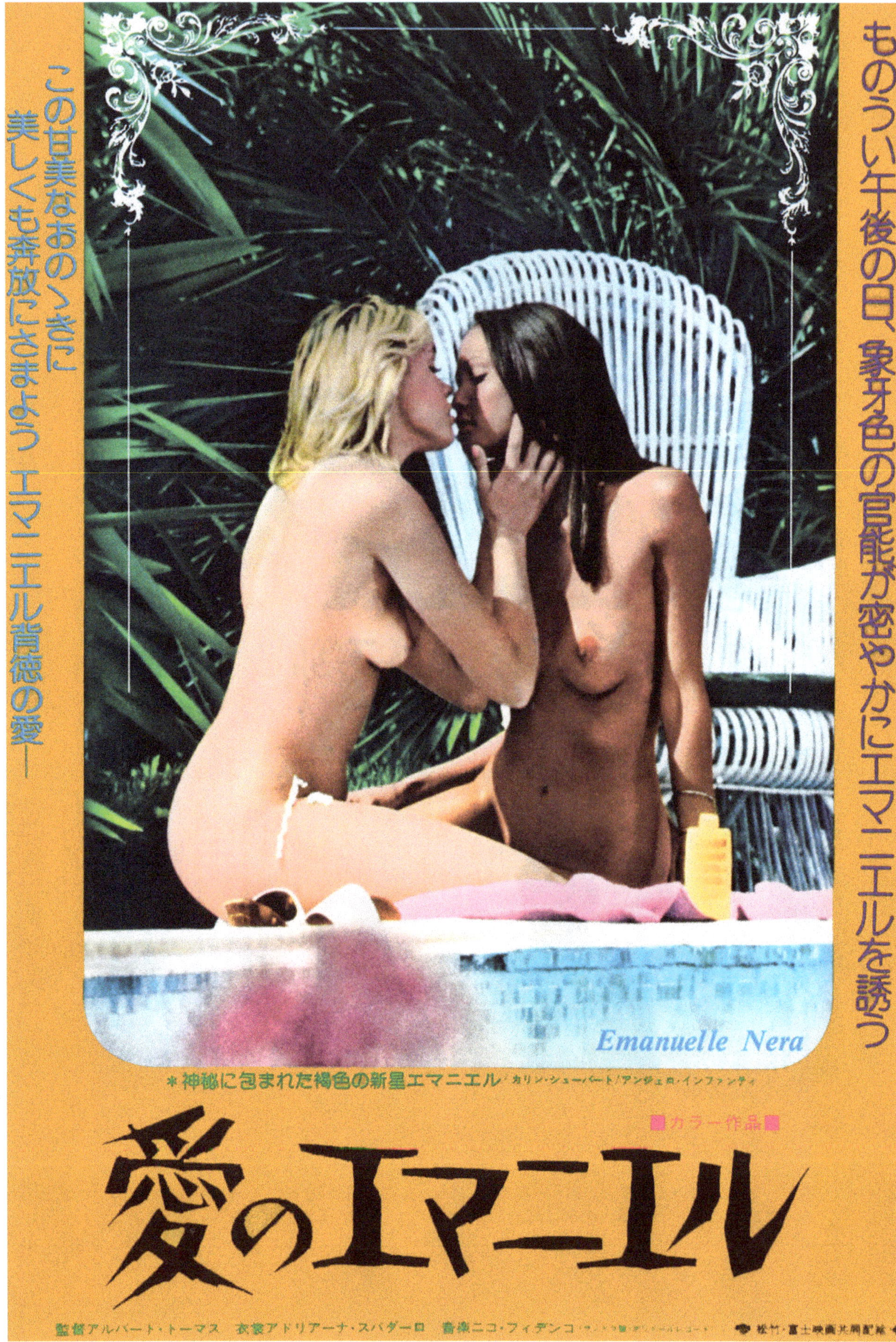

この甘美なおののきに
美しくも奔放にさまよう エマニエル背徳の愛ー

ものうい午後の日、象牙色の官能が密やかにエマニエルを誘う

Emanuelle Nera

＊神秘に包まれた褐色の新星エマニエル カリン・シューバート／アンジェロ・インファンティ

カラー作品

愛のエマニエル

監督アルバート・トーマス　衣裳アドリアーナ・スパダーロ　音楽ニコ・フィデンコ・マンフレディ・ポレッキー　松竹・富士映画共同配給

EMANUELLE NERA

(Italy, 1975)

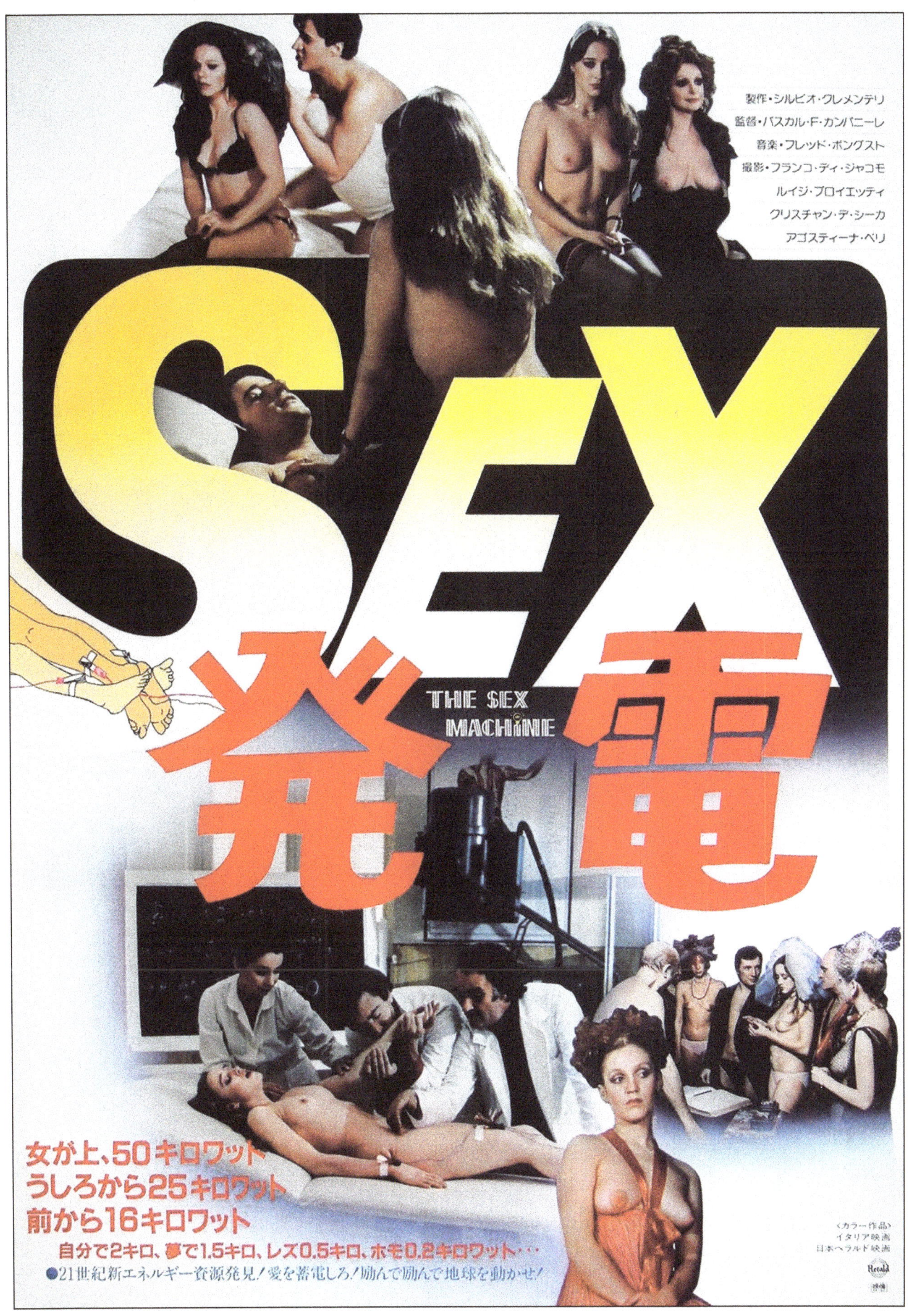

自分で2キロ、夢で1.5キロ、レズ0.5キロ、ホモ0.2キロワット・・・
製作・シルビオ・クレメンテリ
監督・パスカル・F・カンパニーレ
音楽・フレッド・ボングスト
撮影・フランコ・ディ・ジャコモ
ルイジ・プロイエッティ
クリスチャン・デ・シーカ
アゴスティーナ・ベリ
SEX
発電
THE SEX MACHINE
女が上、50キロワット
うしろから25キロワット
前から16キロワット
●21世紀新エネルギー資源発見！愛を蓄電しろ！励んで励んで地球を動かせ！
〈カラー作品〉
イタリア映画
日本ヘラルド映画

CONVIENE FAR BENE L'AMORE
(Italy, 1975)

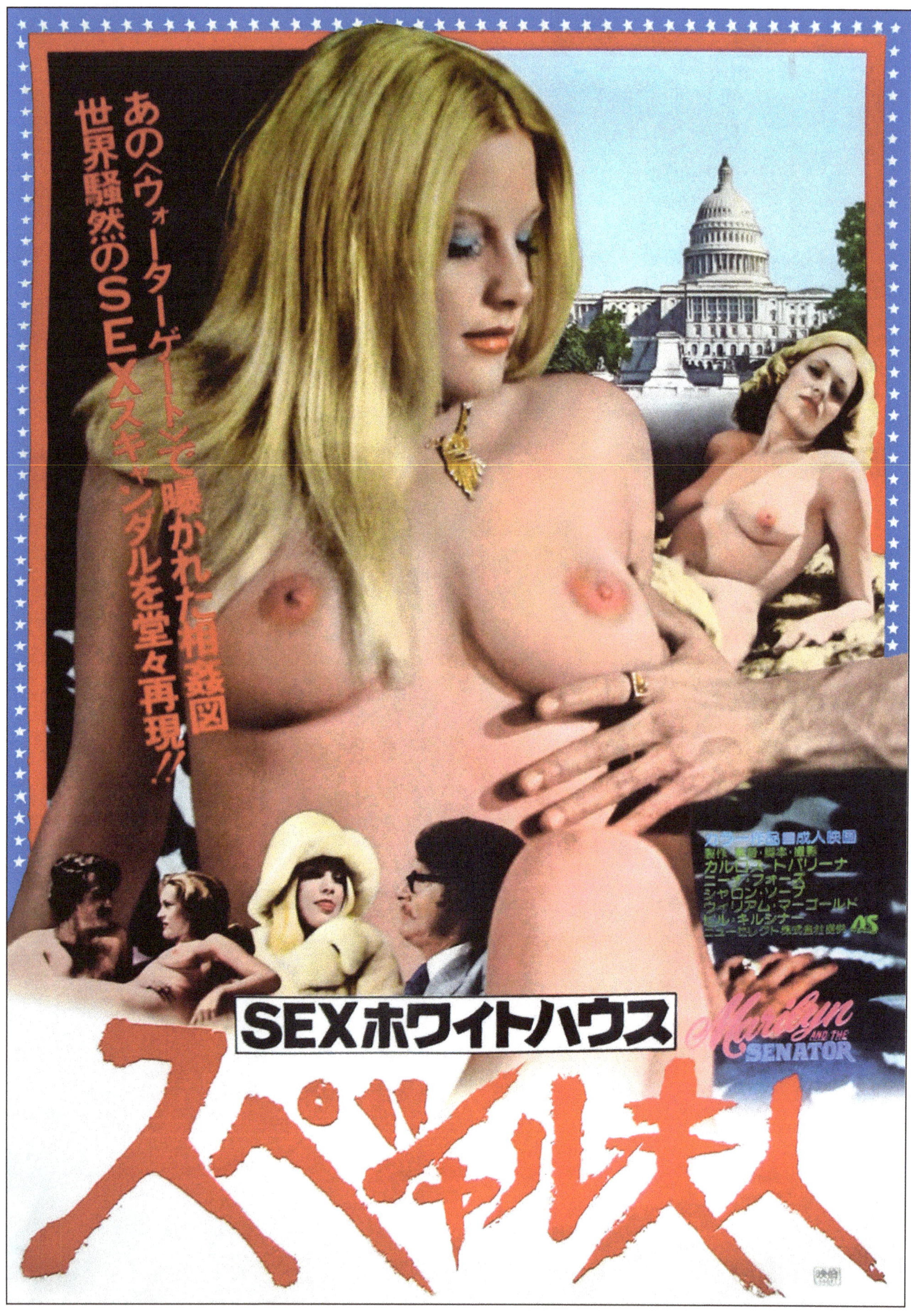

あのヘウォーターゲートヘで曝かれた相姦図
世界騒然のSEXスキャンダルを堂々再現!!
SEXホワイトハウス
スペシャル夫人
Marilyn AND THE SENATOR

MARILYN AND THE SENATOR
(USA, 1975)

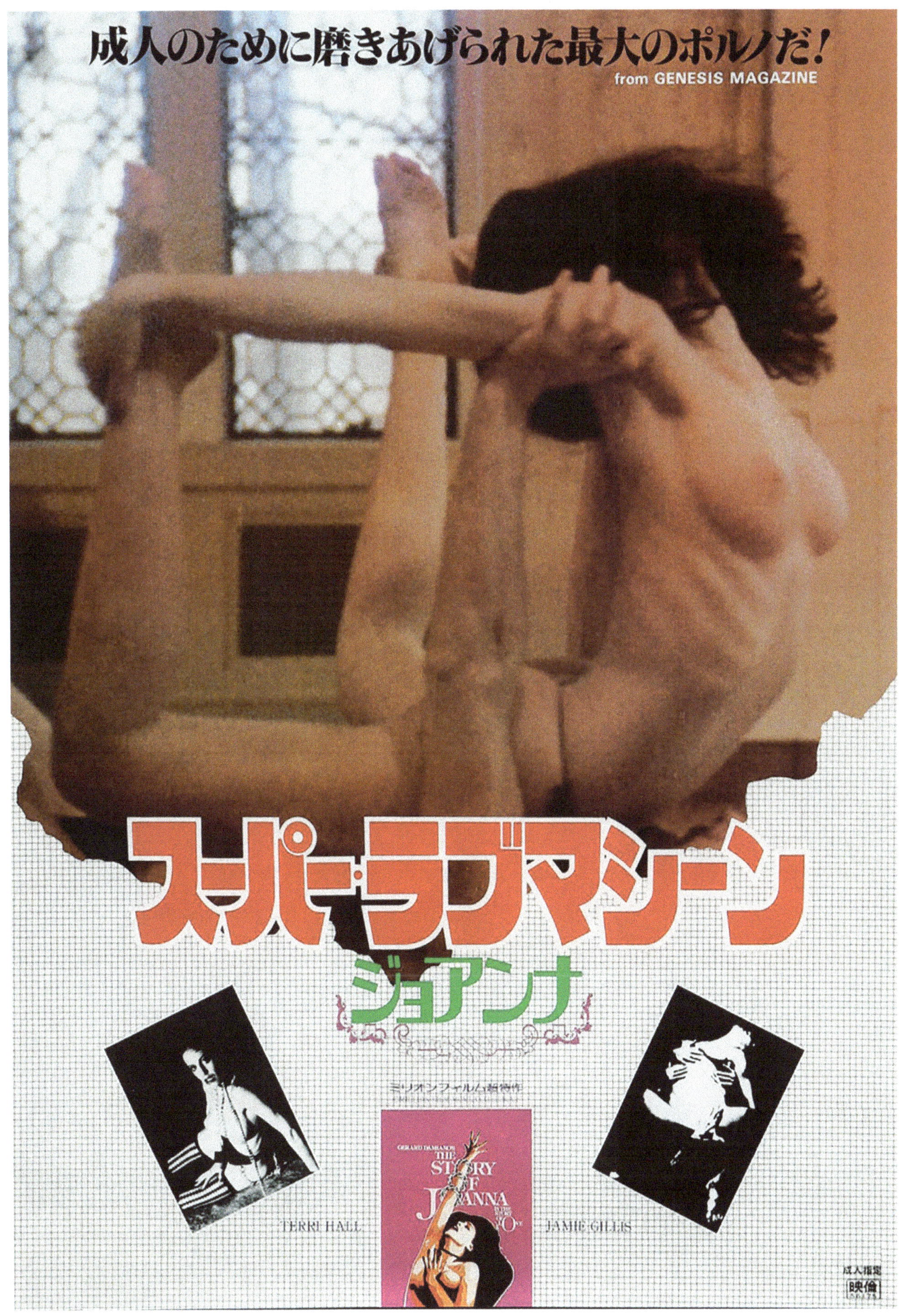

成人のために磨きあげられた最大のポルノだ！
from GENESIS MAGAZINE
スーパー・ラブマシーン
ジョアンナ
ミリオン・フィルム超特作
TERRI HALL
JAMIE GILLIS
GERARD DAMIANO'S
THE STORY OF JOANNA
成人推薦
映倫

STORY OF JOANNA
(USA, 1975)

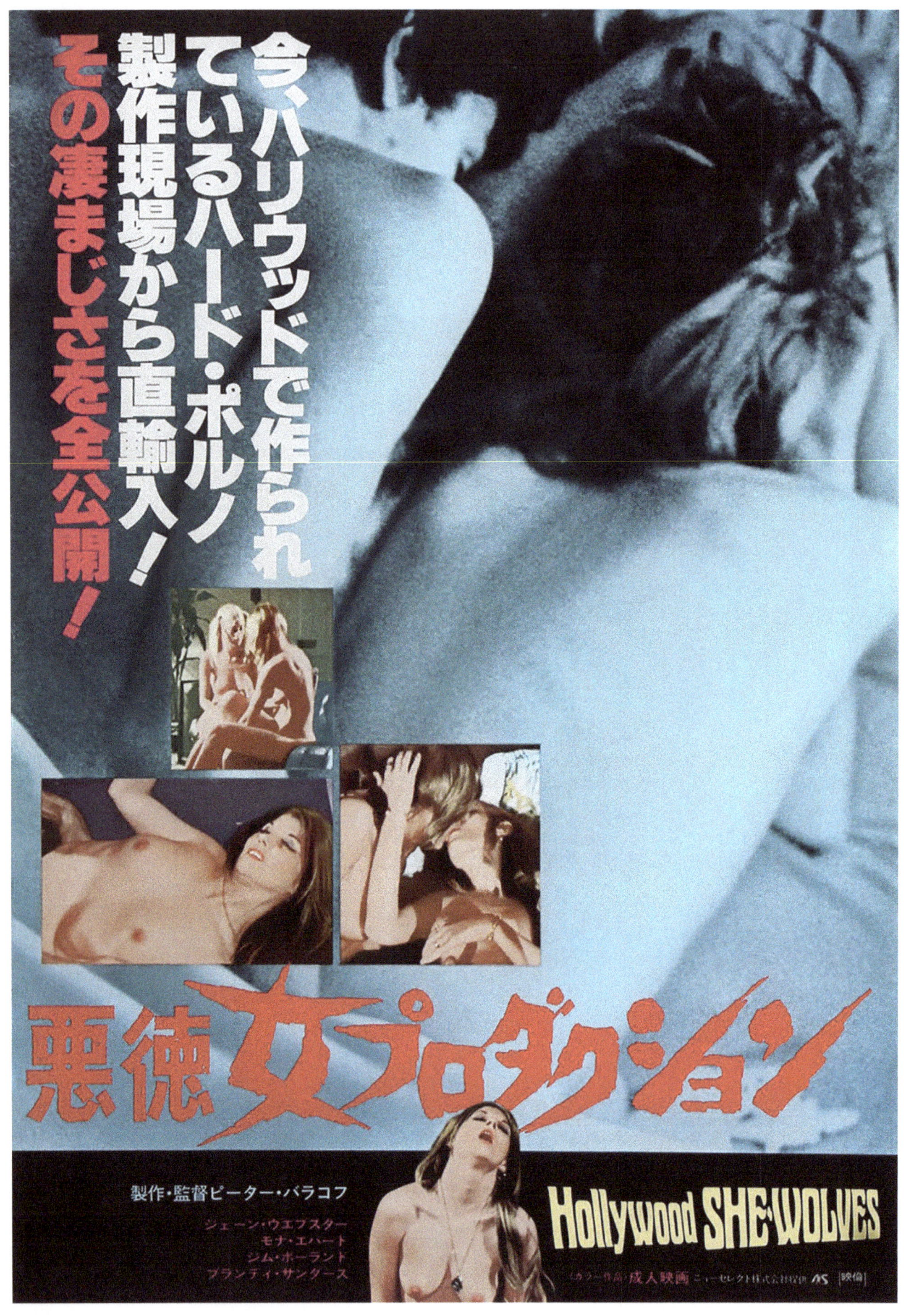
今、ハリウッドで作られているハード・ポルノ
製作現場から直輸入！
その凄まじさを全公開！
悪徳女プロダクション
製作・監督ピーター・バラコフ
ジェーン・ウエブスター
モナ・エハート
ジム・ボーランド
ブランディ・サンダース
Hollywood SHE-WOLVES
〈カラー作品〉成人映画 ニューセレクト株式会社提供

HOLLYWOOD SHE-WOLVES

(USA, 1976)

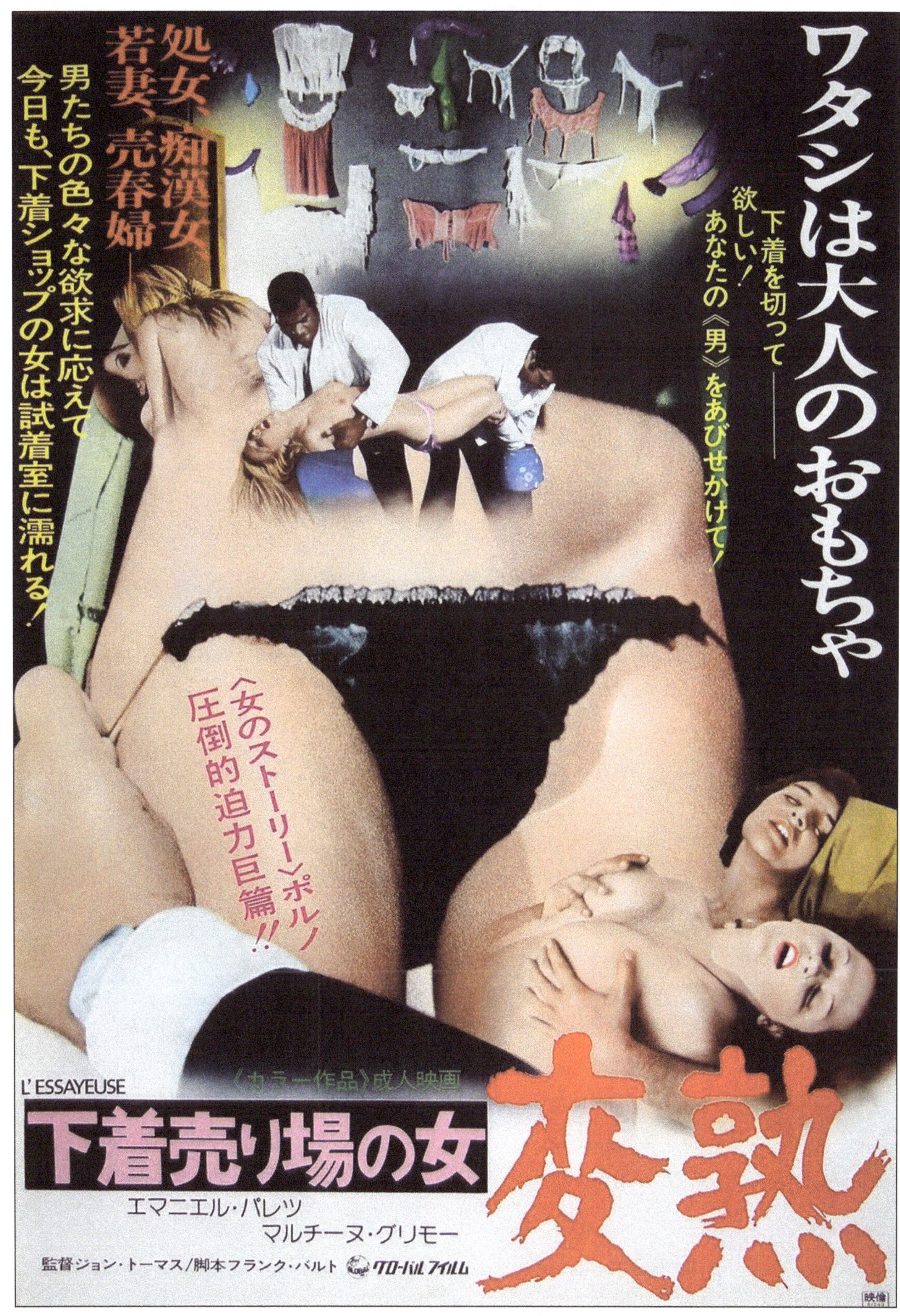
ワタシは大人のおもちゃ
下着を切って──
欲しい！
あなたの《男》をあびせかけて！
処女、痴漢女
若妻、売春婦
男たちの色々な欲求に応えて
今日も、下着ショップの女は試着室に濡れる！
〈女のストーリー〉ポルノ
圧倒的迫力巨篇！！
L'ESSAYEUSE
《カラー作品》成人映画
下着売り場の女
エマニエル・パレツ
マルチーヌ・グリモー
監督ジョン・トーマス／脚本フランク・バルト　グローバルフイルム
変熟

L'ESSAYEUSE
(France, 1976)

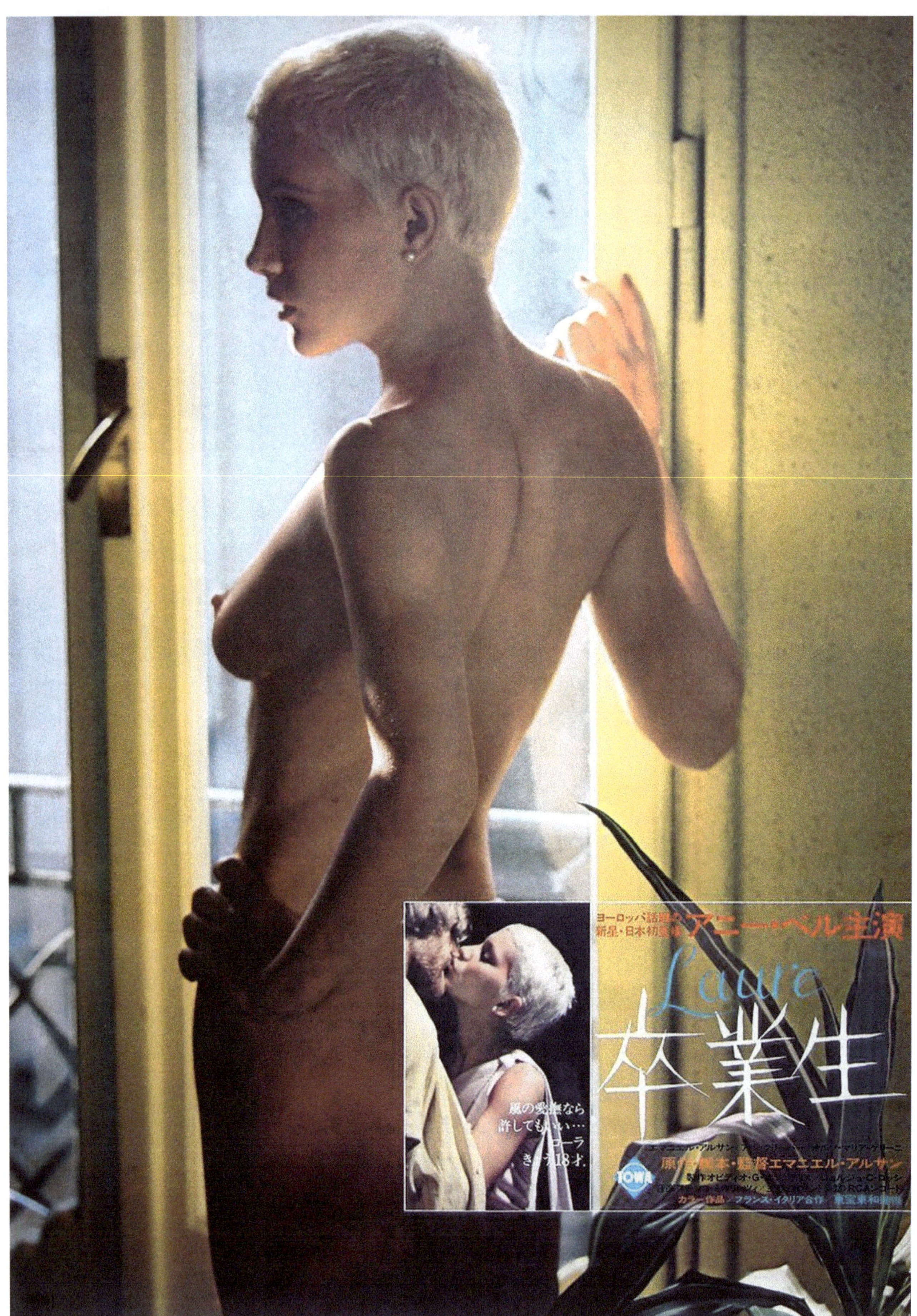
ヨーロッパ話題の
新星・日本初登場 アニー・ベル主演
Laure
卒業生
嵐の愛撫なら
許してもいい…
ーラ
きっと18才。
TOHO

LAURE
(Italy/France, 1976)

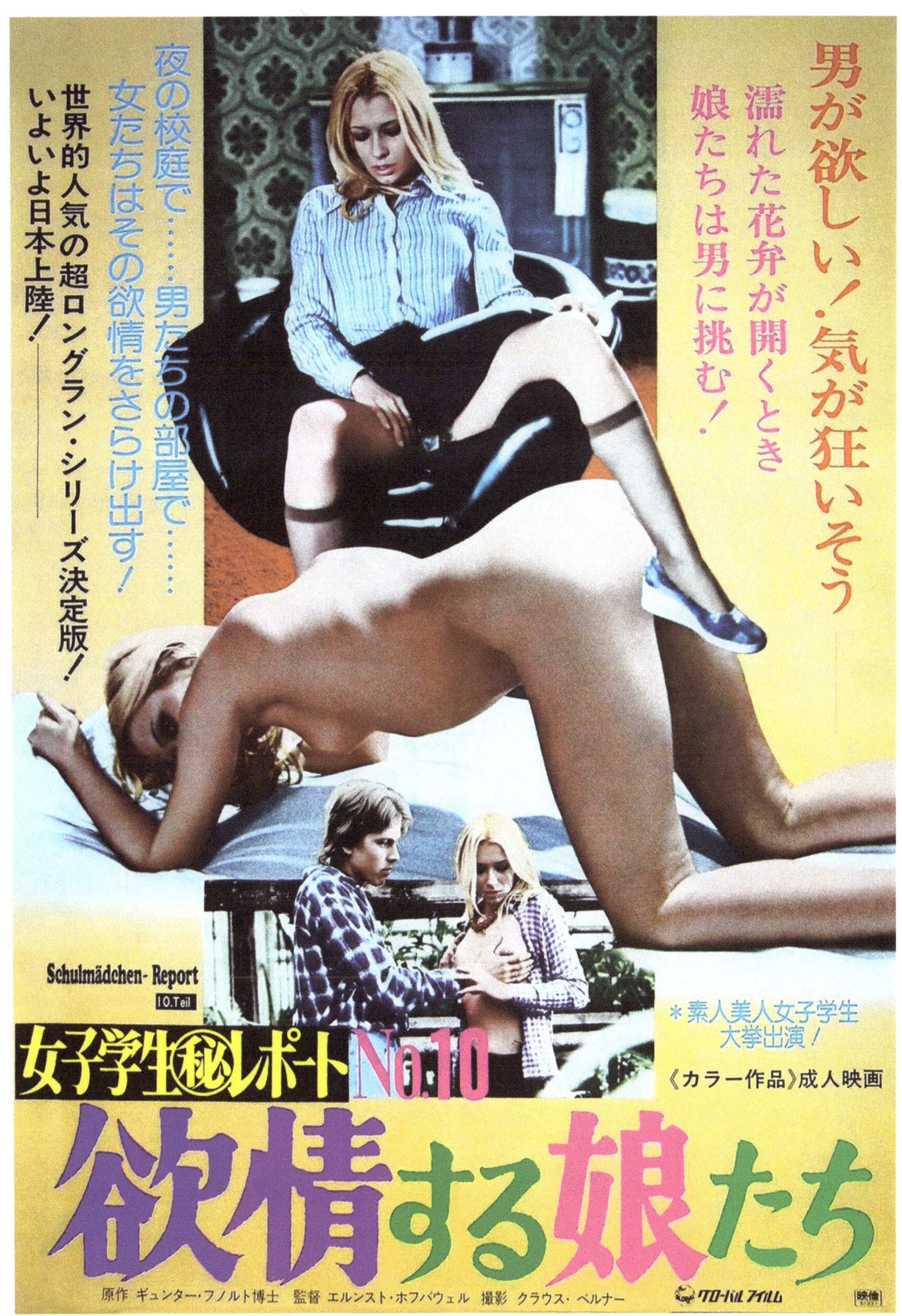
男が欲しい！気が狂いそう
濡れた花弁が開くとき
娘たちは男に挑む！
世界的人気の超ロングラン・シリーズ決定版！
いよいよ日本上陸！
夜の校庭で……男たちの部屋で……
女たちはその欲情をさらけ出す！
Schulmädchen- Report
10.Teil
女子学生㊙レポート No.10
＊素人美人女子学生
大挙出演！
《カラー作品》成人映画
欲情する娘たち
原作 ギュンター・フノルト博士　監督 エルンスト・ホフバウェル　撮影 クラウス・ベルナー
グローバルフィルム
映倫

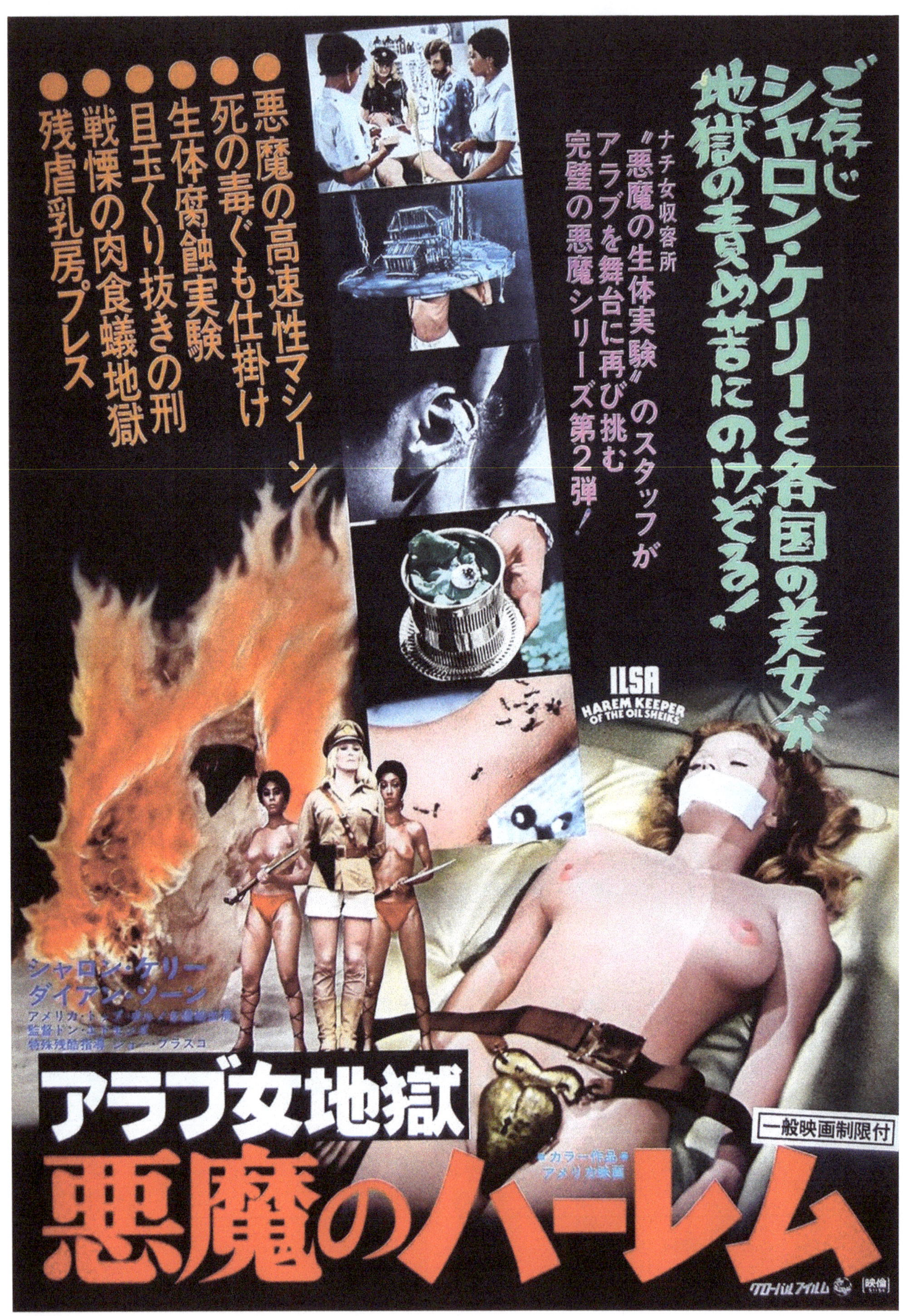
ご存じシャロン・ケリーと各国の美女が
地獄の責め苦にのけぞろ！
ナチ女収容所
"悪魔の生体実験"のスタッフが
アラブを舞台に再び挑む
完璧の悪魔シリーズ第2弾！
悪魔の高速性マシーン
死の毒ぐも仕掛け
生体腐蝕実験
目玉くり抜きの刑
戦慄の肉食蟻地獄
残虐乳房プレス
ILSA
HAREM KEEPER
OF THE OIL SHEIKS
シャロン・ケリー
ダイアン・ソーン
一般映画制限付
アラブ女地獄
悪魔のハーレム

ILSA, HAREM KEEPER OF THE OIL SHEIKS

(Canada, 1976)

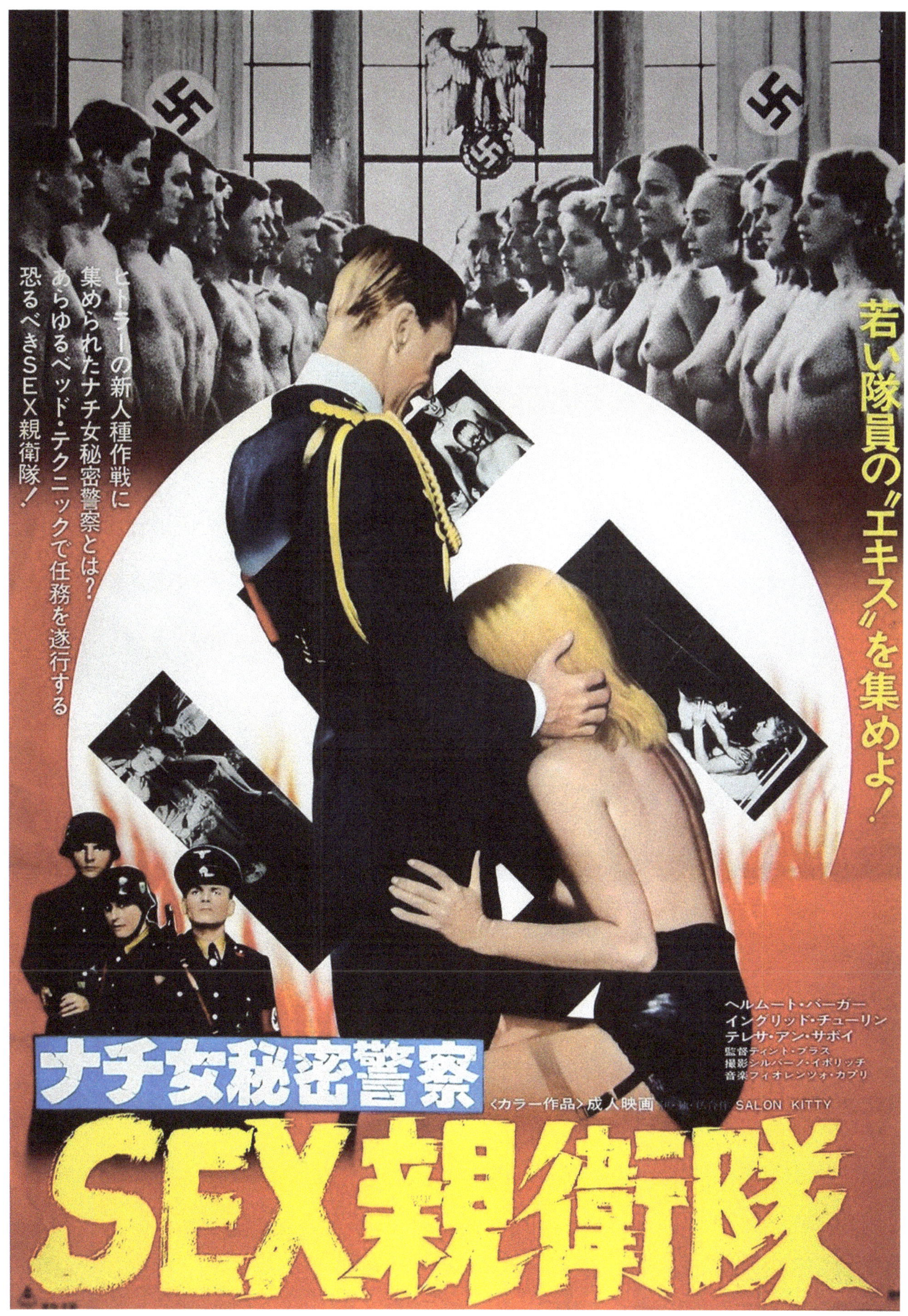
若い隊員の〝エキス〟を集めよ！

ヒトラーの新人種作戦に集められたナチ女秘密警察とは？あらゆるベッド・テクニックで任務を遂行する恐るべきSEX親衛隊！

ナチ女秘密警察

〈カラー作品〉成人映画　SALON KITTY

SEX親衛隊

ヘルムート・バーガー
イングリッド・チューリン
テレサ・アン・サボイ
監督ティント・ブラス
撮影シルバーノ・イポリッチ
音楽フィオレンツォ・カプリ

SALON KITTY
(Italy, 1976)

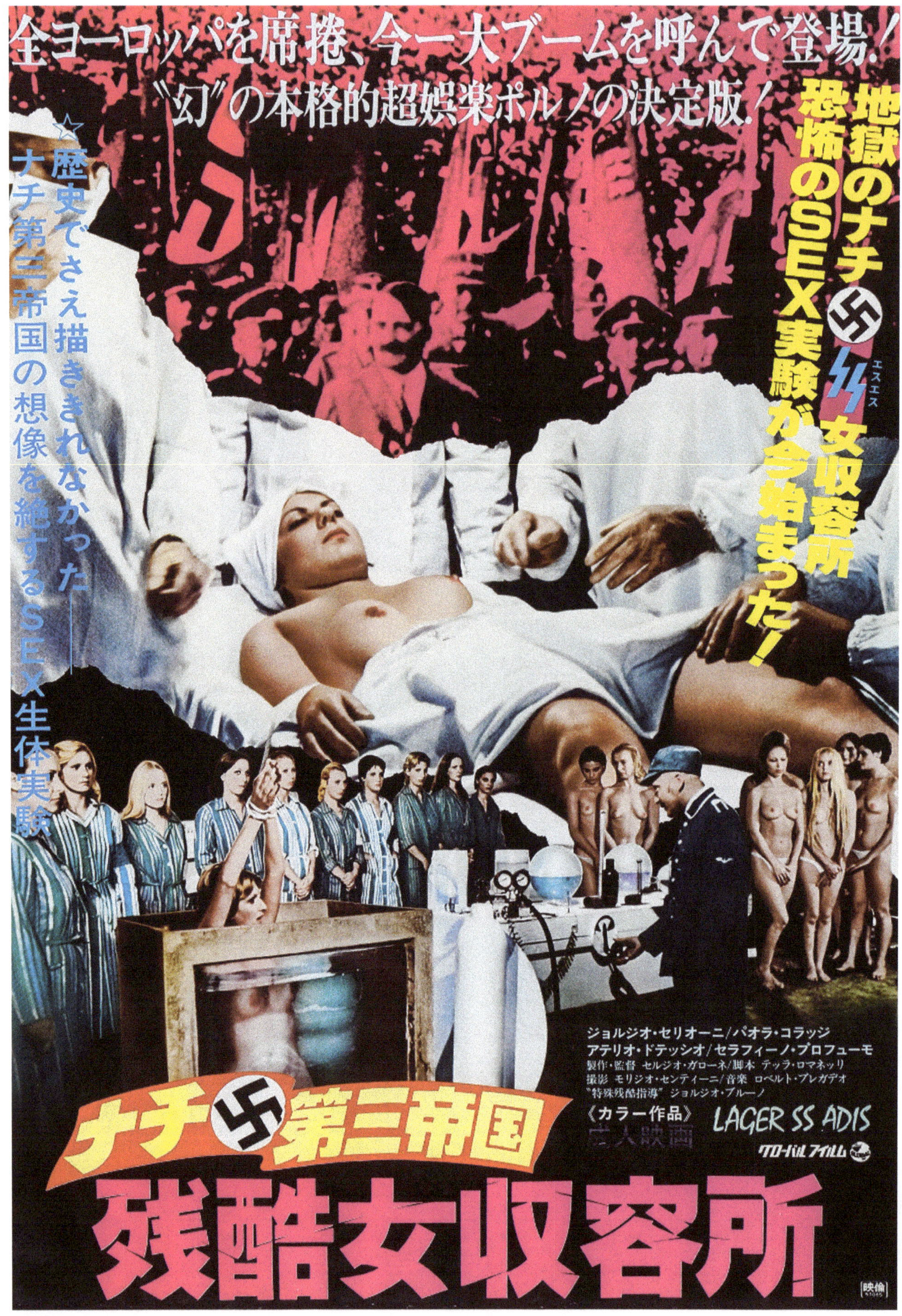

全ヨーロッパを席捲、今一大ブームを呼んで登場！
"幻"の本格的超娯楽ポルノの決定版！
☆歴史でさえ描ききれなかった──ナチ第三帝国の想像を絶するSEX生体実験
地獄のナチ 恐怖のSEX実験が今始まった！
女収容所
エスエス
ジョルジオ・セリオーニ/パオラ・コラッジ
アテリオ・ドテッシオ/セラフィーノ・プロフューモ
製作・監督 セルジオ・ガローネ/脚本 テッラ・ロマネッリ
撮影 モリジオ・センティーニ/音楽 ロベルト・プレガデオ
"特殊残酷指導" ジョルジオ・ブルーノ
《カラー作品》
LAGER SS ADIS
グローバルフィルム
ナチ 第三帝国
残酷女収容所

LAGER SSADIS KASTRAT KOMMANDANTUR

(Italy, 1976)

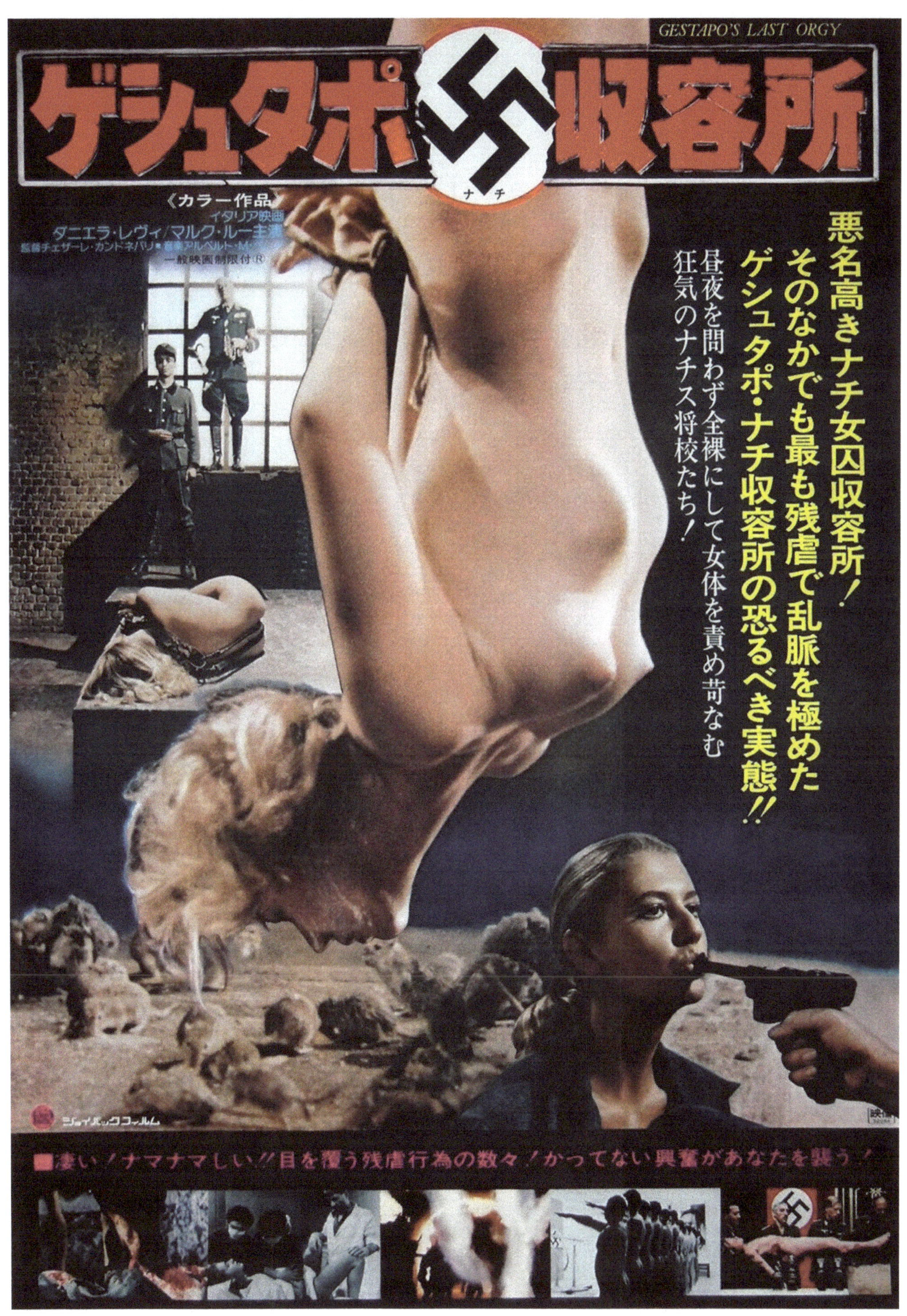
GESTAPO'S LAST ORGY
ゲシュタポ 収容所
ナチ
《カラー作品》
イタリア映画
ダニエラ・レヴィ／マルク・ルー主演
監督チェザーレ・カンドネバリ■音楽アルベルト・M
一般映画制限付(R)
悪名高きナチ女囚収容所！
そのなかでも最も残虐で乱脈を極めた
ゲシュタポ・ナチ収容所の恐るべき実態!!
昼夜を問わず全裸にして女体を責め苛なむ
狂気のナチス将校たち！
■凄い！ナマナマしい!!目を覆う残虐行為の数々！かってない興奮があなたを襲う！

L'ULYIMA ORGIA DEL III REICH
(Italy, 1977)

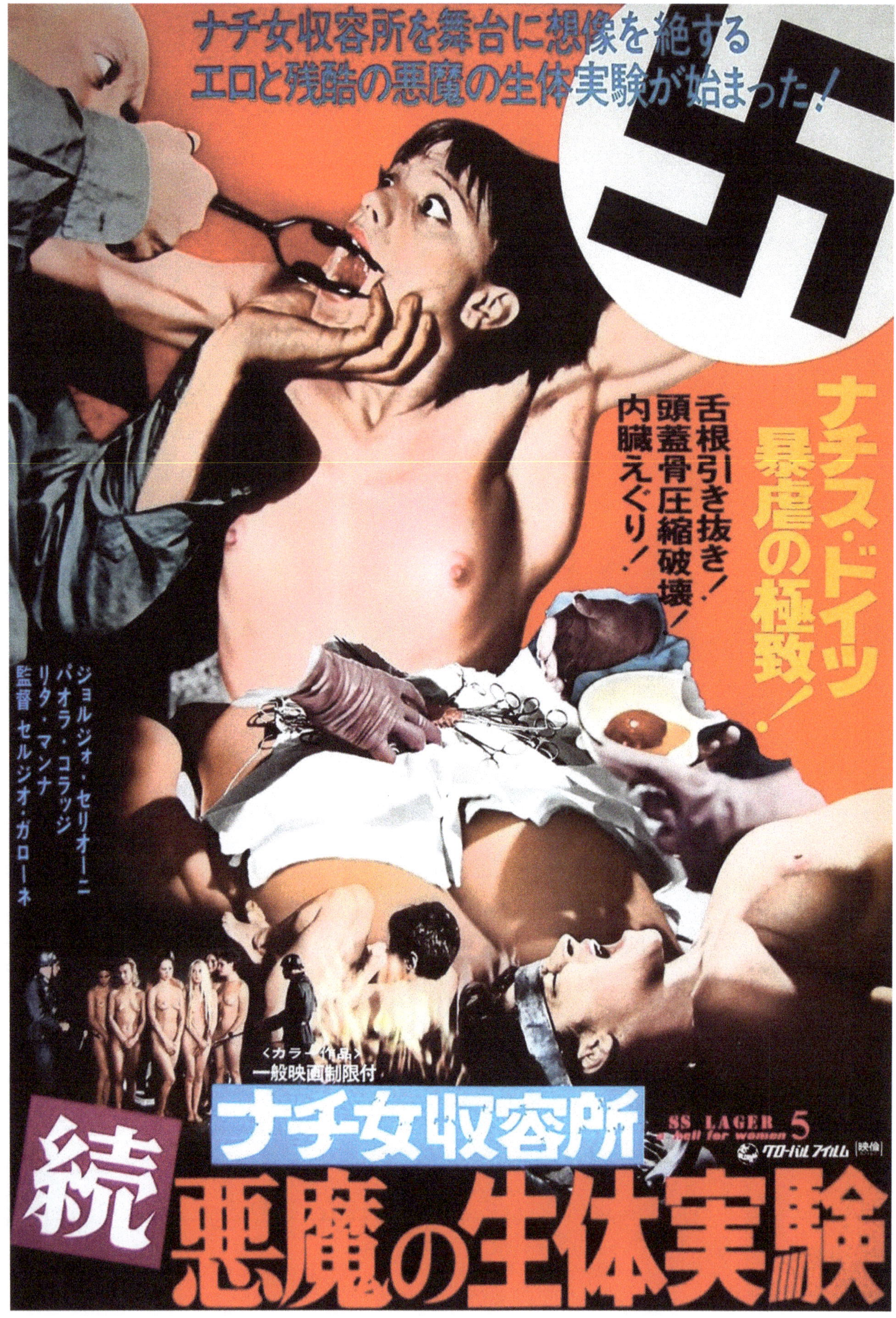

ナチ女収容所を舞台に想像を絶する
エロと残酷の悪魔の生体実験が始まった！
ナチス・ドイツ
暴虐の極致！
舌根引き抜き！
頭蓋骨圧縮破壊！
内臓えぐり！
〈カラー作品〉
一般映画制限付
ナチ女収容所
続
悪魔の生体実験
SS LAGER 5
a hell for women
グローバルフィルム
映倫

SS LAGER 5: L'INFERNO DELLE DONNE
(Italy, 1977)

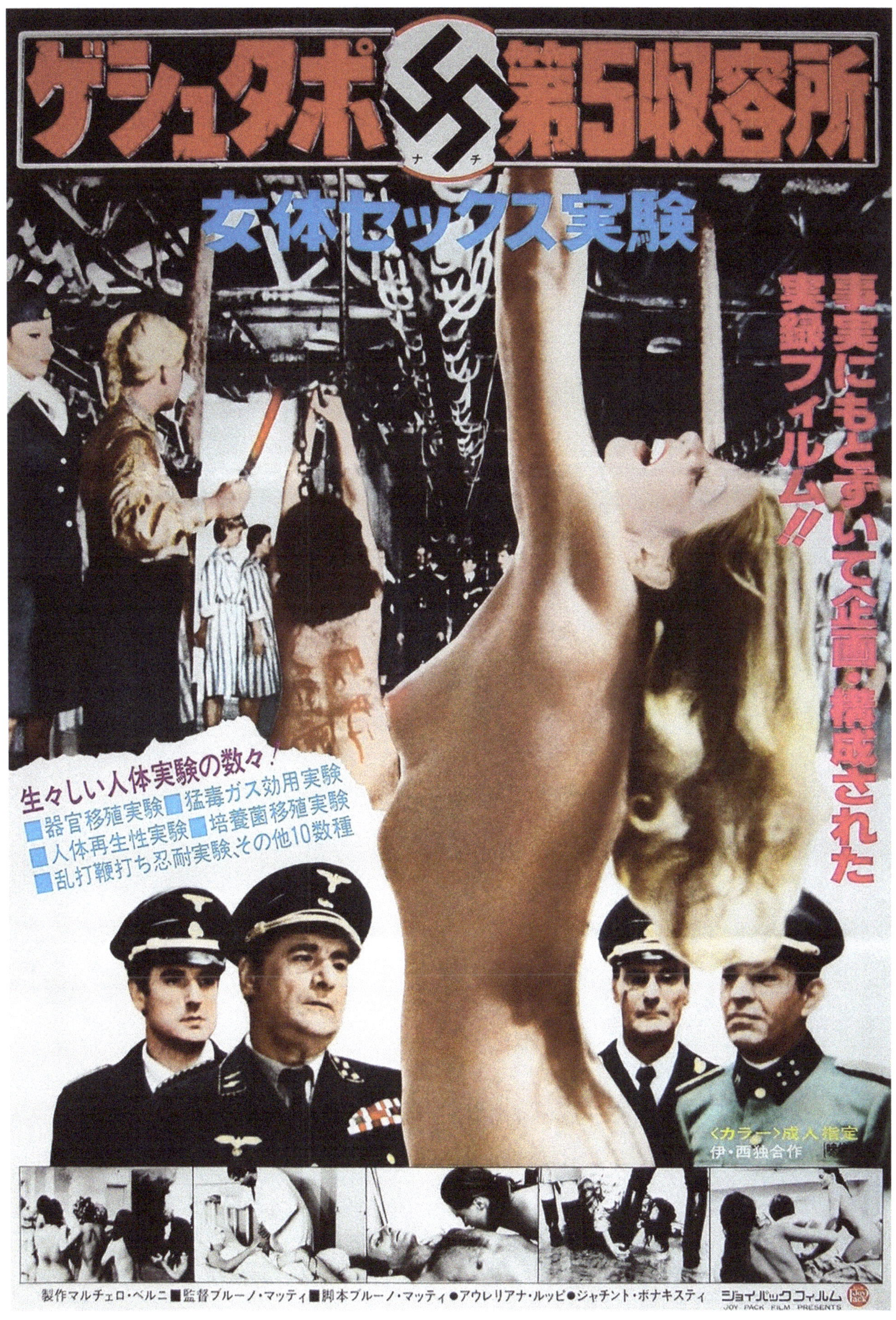

ゲシュタポ 第5収容所
女体セックス実験
事実にもとずいて企画・構成された
実録フィルム!!
生々しい人体実験の数々!
■器官移殖実験■猛毒ガス効用実験
■人体再生性実験■培養菌移殖実験
■乱打鞭打ち忍耐実験、その他10数種
〈カラー〉成人指定
伊・西独合作
製作マルチェロ・ベルニ■監督ブルーノ・マッティ■脚本ブルーノ・マッティ●アウレリアナ・ルッピ●ジャチント・ボナキスティ
ジョイパックフィルム
JOY PACK FILM PRESENTS

KZ9: LAGER DI STERMINIO

(Italy, 1977)

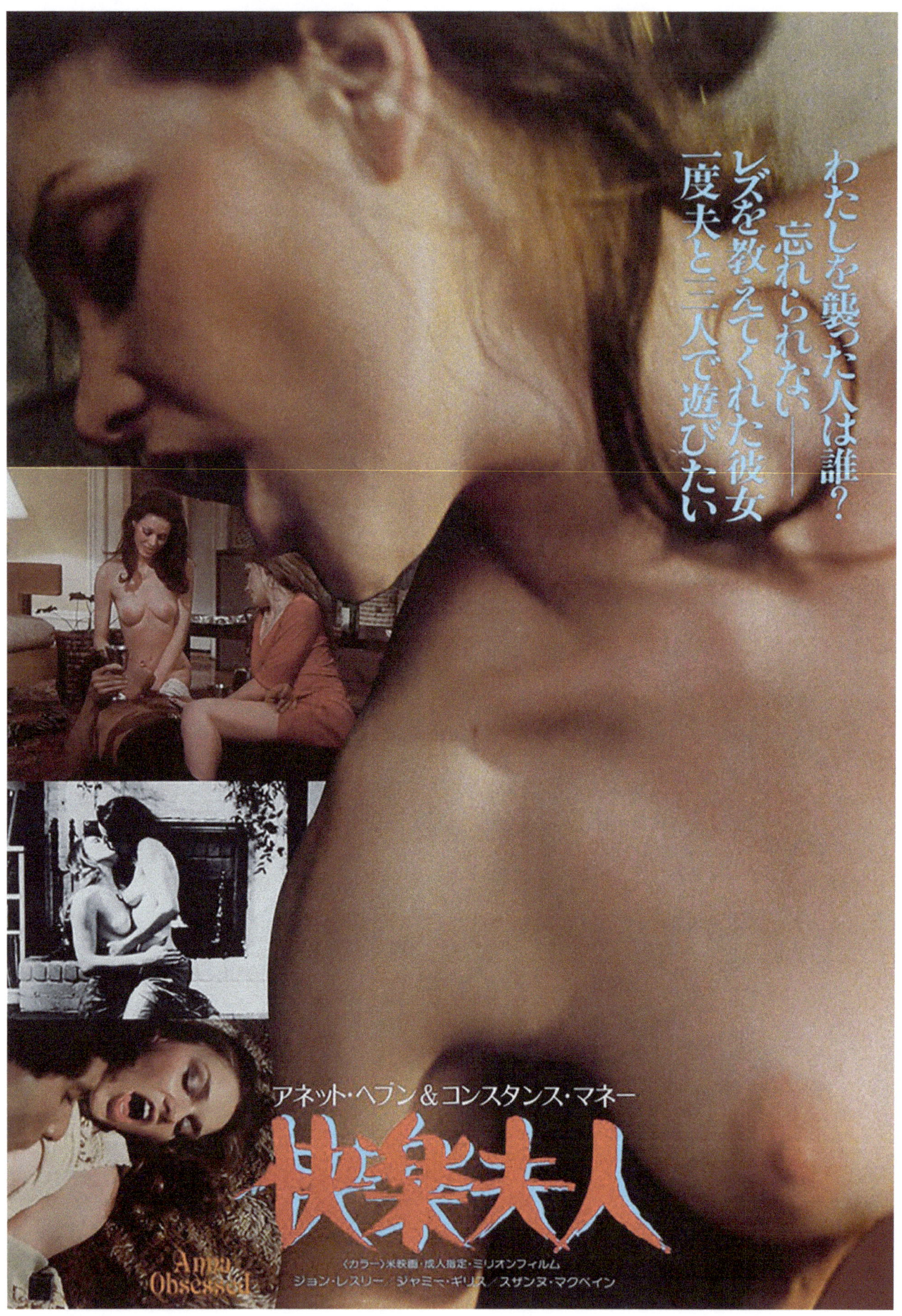

わたしを襲った人は誰？
忘れられない――
レズを教えてくれた彼女
一度夫と三人で遊びたい
アネット・ヘブン＆コンスタンス・マネー
快楽夫人
〈カラー〉米秋画・成人指定・ミリオンフィルム
ジョン・レスリー／ジャミー・ギリス／スザンヌ・マクベイン
Anna Obsessed

ANNA OBSESSED

(USA, 1977)

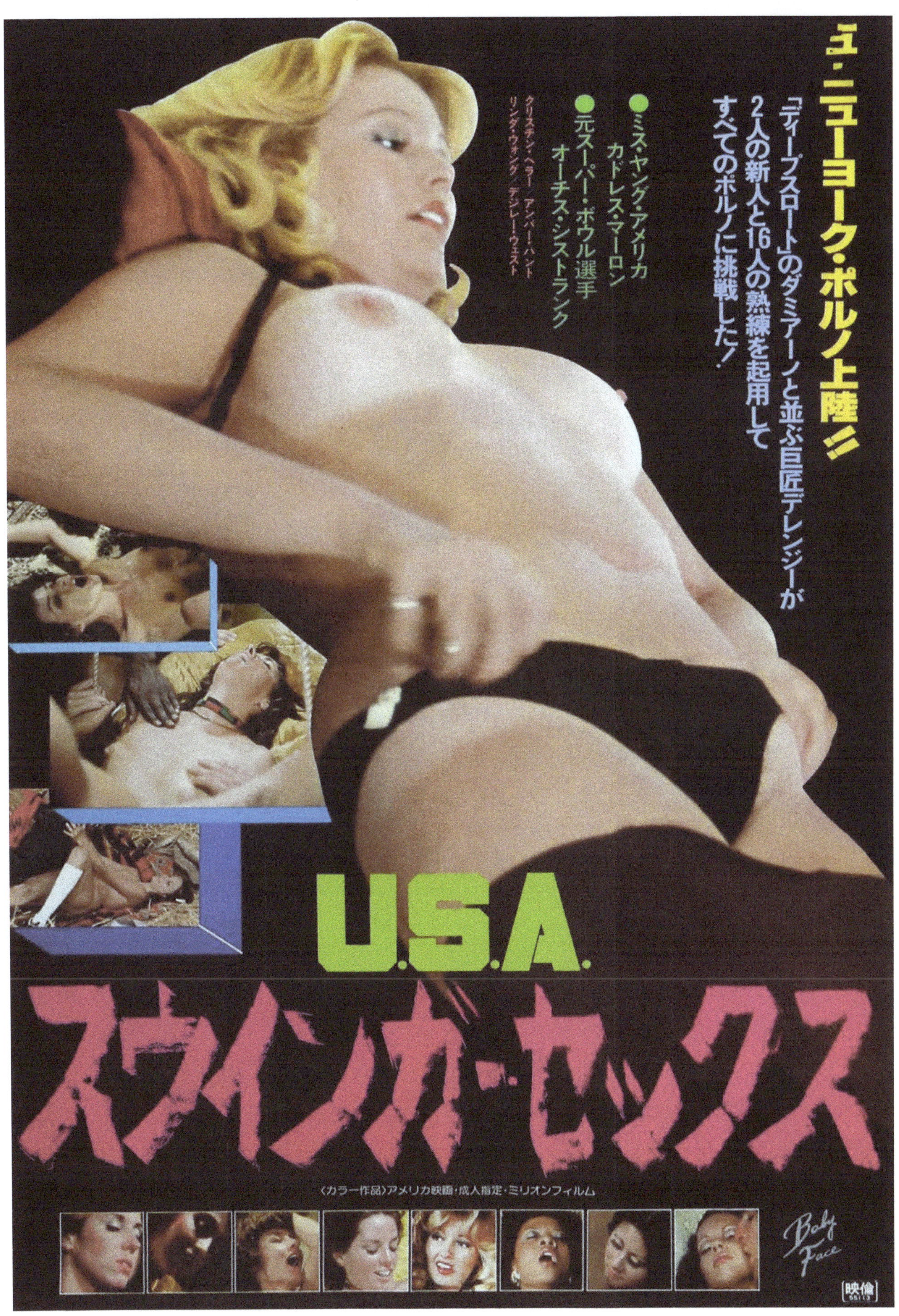
ユ・ニューヨーク・ポルノ上陸!!
「ディープスロート」のダミアーノと並ぶ巨匠デレンジーが
2人の新人と16人の熟練を起用して
すべてのポルノに挑戦した!
●ミス・ヤング・アメリカ
カドレス・マーロン
●元スーパー・ボウル選手
オーチス・シストランク
クリスチン・ヘラー　アンバー・ハント
リンダ・ウィング　デジレー・ウェスト
U.S.A.
スウィンガー・セックス
〈カラー作品〉アメリカ映画・成人指定・ミリオンフィルム
Baby Face

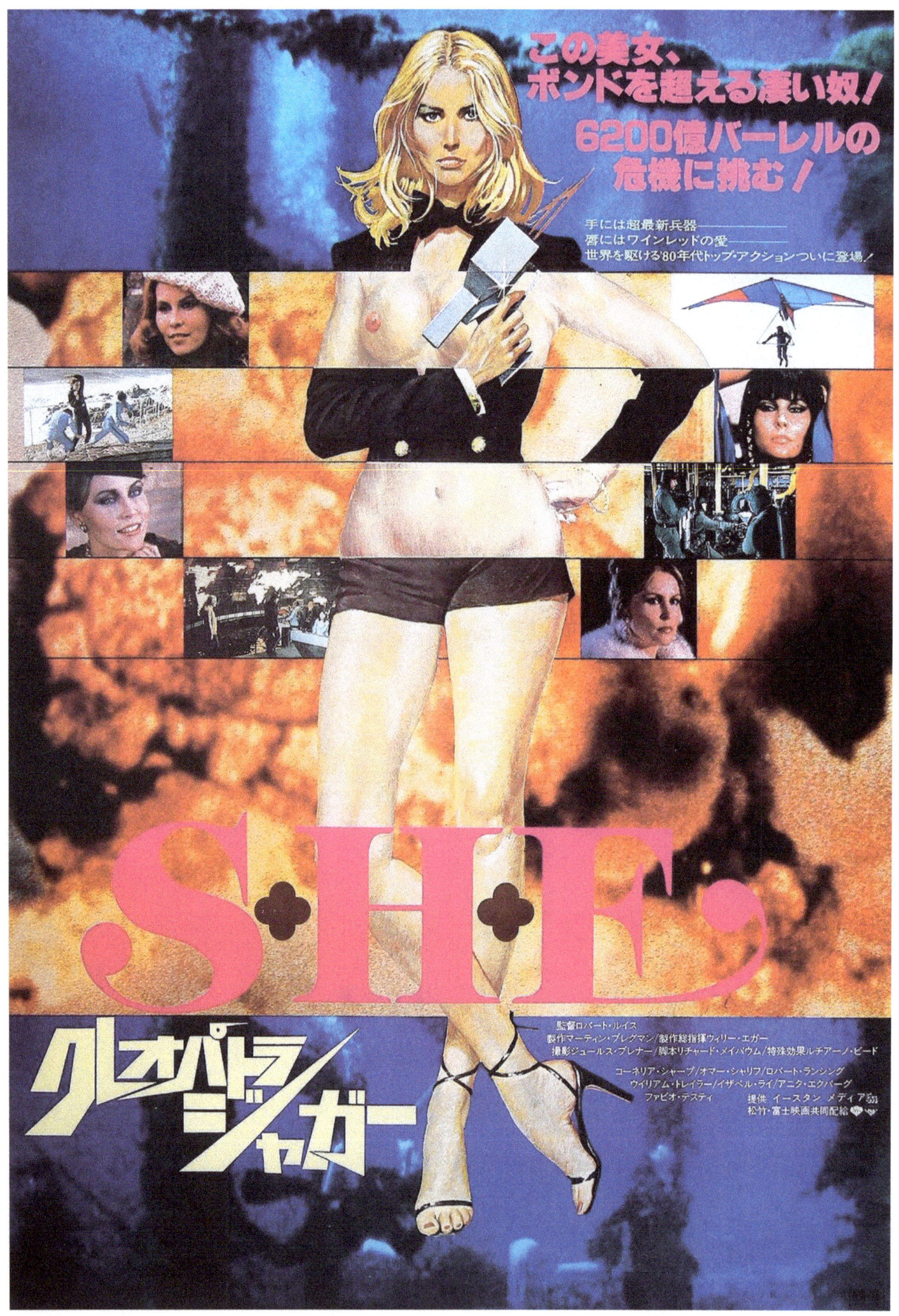

この美女、
ボンドを超える凄い奴！
6200億バーレルの
危機に挑む！
手には超最新兵器――
唇にはワインレッドの愛
世界を駆ける'80年代トップ・アクションついに登場！
S·H·E·
クレオパトラ／ジャガー
監督ロバート・ルイス／
製作マーティン・ブレグマン／製作総指揮ウィリー・エガー
撮影ジュールス・ブレナー／脚本リチャード・メイバウム／特殊効果ルチアーノ・ビード
コーネリア・シャープ／オマー・シャリフ／ロバート・ランシング
ウイリアム・トレイラー／イザベル・ライ／アニタ・エクバーグ
ファビオ・テスティ　提供　イースタン　メディア㈱
松竹・富士映画共同配給

S.H.E. SECURITY HAZARDS EXPERT
(Germany/USA, 1980)

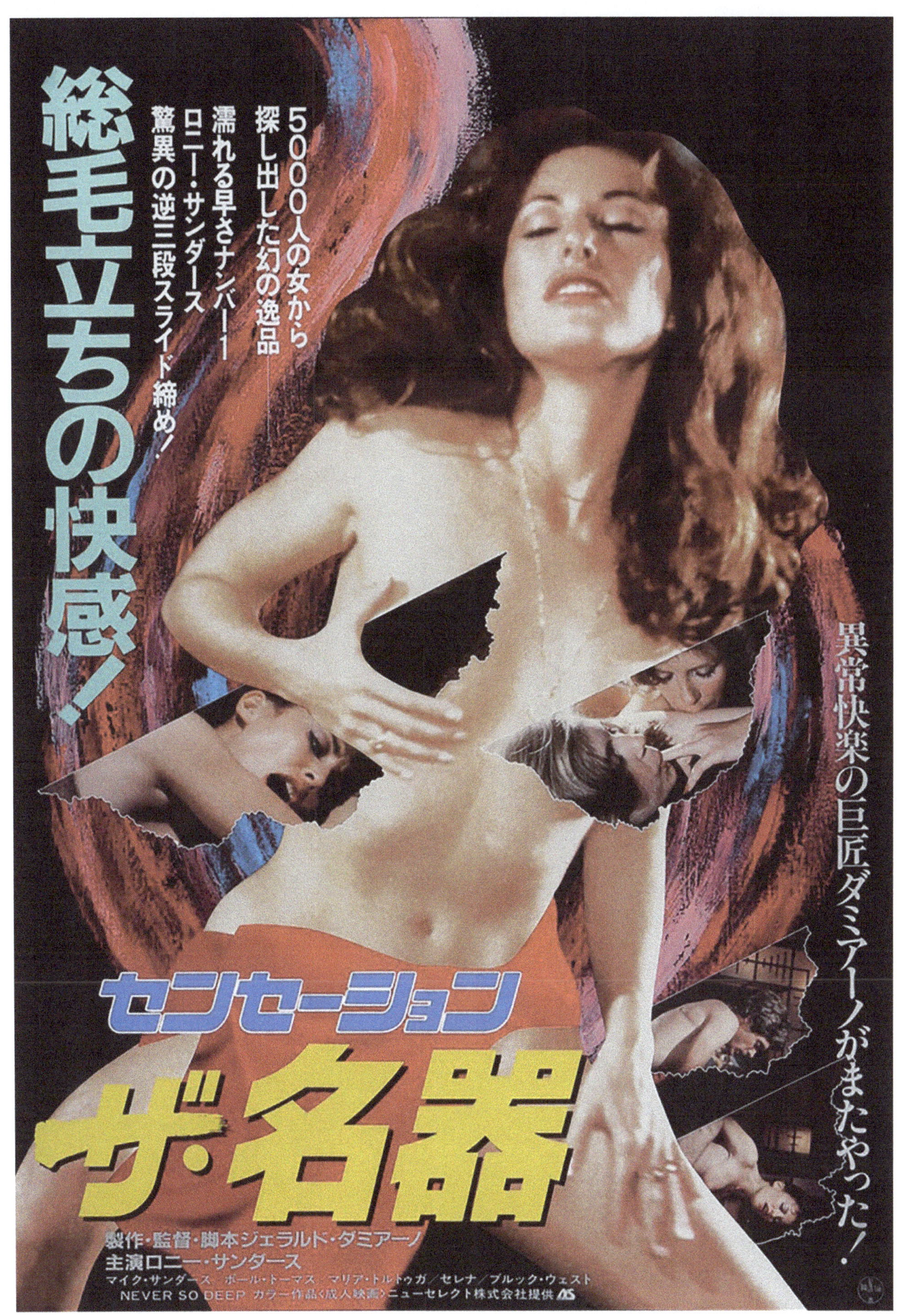
総毛立ちの快感！
5000人の女から
探し出した幻の逸品
濡れる早さナンバー1
ロニー・サンダース
驚異の逆三段スライド締め！
異常快楽の巨匠ダミアーノがまたやった！
センセーション
ザ・名器
製作・監督・脚本ジェラルド・ダミアーノ
主演ロニー・サンダース
マイク・サンダース　ポール・トーマス　マリア・トルトゥガ／セレナ／ブルック・ウェスト
NEVER SO DEEP　カラー作品〈成人映画〉ニューセレクト株式会社提供